Soccer Tough
Lo Duro del Fútbol:
técnicas sencillas de psicología del Fútbol para mejorar tu juego

Dan Abrahams

Copyright © Bennion Kearny Ltd 2013

ISBN: 978-1-909125-22-3

Todos los derechos reservados.

No se permite la reproducción total o parcial de este libro, ni su incorporación a un sistema informático, ni su transmisión en cualquier forma o por cualquier medio, sea, este electrónico, mecánico, por fotocopia, por grabación u otros métodos, sin el permiso previo y por el escrito del Bennion Kearny.

Bennion Kearny Limited
6 Victory House
64 Trafalgar Road
Birmingham
B13 8BU

www.BennionKearny.com

Imagen frontal: ©Shutterstock/Vladfoto

¿Quién es Dan Abrahams?

Dan Abrahams es uno de los principales consultores de psicología del fútbol en Europa. Ex - golfista profesional, posee un Diploma con Matrícula de Honor en psicología y un Máster en psicología deportiva.

Dan es consultor de psicología para Queens Park Rangers en la Premier Inglesa y ha trabajado con más de una docena de clubes profesionales y cientos de jugadores en los últimos 10 años. Tiene algunos de los casos de estudio más interesantes de la última década, incluyendo la ayuda que le dio al futbolista profesional Carlton Cole para pasar de ser un jugador olvidado del filial a jugar con la selección Inglesa.

Dan es también ponente con mucha demanda en universidades, colegios, clubes y organizaciones de fútbol. Él ha llevado su mensaje a órganos rectores como lo son la Asociación de Fútbol Inglesa, la Asociación de futbolistas profesionales y la Asociación de Entrenadores de la Liga.

Dan ha extendido su filosofía sobre la psicología del fútbol en todo el mundo futbolístico a través de medios sociales y sus técnicas mentales son utilizadas ahora por jugadores y entrenadores de toda Europa, EE.UU., Oriente Medio, el Extremo Oriente y Australasia. Su pasión es simple: desmitificar la psicología deportiva y crear técnicas prácticas y sencillas para ayudar a los futbolistas a ganar. 'Lo duro del fútbol' está destinado a convertirse en uno de los mejores libros de fútbol disponibles y en lectura obligatoria para todos los jugadores de fútbol que quieren sobresalir y tener éxito en este deportes tan exigente.

Los traductores

Iñaki Samaniego es uno de los entrenadores de porteros profesionales con mayor progresión en Europa. Nacido en Sevilla, en la actualidad vive y trabaja en Holanda.

Iñaki ha trabajado en clubes tan importantes como el RCD Espanyol en Barcelona y el ADO Den Haag de La Haya. En la actualidad dirige un proyecto personal, FUTURE High Performance Goalkeeping Centre, para desarrollar porteros holandeses y ayudarles a dar el salto al fútbol profesional.

Además de preparar guardametas, Iñaki también da charlas y demostraciones prácticas sobre la materia, habiendo compartido su conocimiento sobre el entrenamiento de porteros en países como Suecia, Escocia, Holanda o Inglaterra.

Si quieres saber más sobre Iñaki, puedes seguirle en Twitter *@InakiSamaniego* o visitar la página web de su proyecto *www.future-prokeeper.com*

Iliana X. Villarreal Olvera creció en México dentro de una familia de apasionados al fútbol, en 1999 se trasladó a Inglaterra para desarrollar su carrera profesional como arquitecto, obteniendo una maestría en Oxford, ella estudió en Universidades de los EE.UU. y Canadá. Ahora vive en Londres con su marido y dos niñas. Está a cargo de su propio estudio de diseño, pero aun así se mantiene en contacto con las influencias de su niñez al seguir apoyando a su equipo "Chivas" en México. En las olimpiadas de Londres 2012 asistió al estadio de Wembley para apoyar a México a ganar el oro olímpico.

Iliana ha utilizado los idiomas inglés y español constantemente durante sus 20 años de carrera profesional tratando con clientes internacionales y puede ser contactada en *iliana@iliana.co.uk*

Tabla de Contenidos

Capítulo 1 - El fútbol es un juego de mentalidad   1
Capítulo 2 - Cómo Elvis fundó Graceland   13
Capítulo 3 - Soñar despierto   31
Capítulo 4 - La mentalidad de Messi   47

El Descanso   63

Capítulo 5 - Cómo Richard desarrolló su concentración   67
Capítulo 6 - El guion de tu partido   81
Capítulo 7 - Cómo Carlton aplastó sus hormigas (ANTs)   95
Capítulo 8 - Stokesy el Galgo   111
Capítulo 9 - Porqué Birch no explotó   125
Capítulo 10 - Las 10.000 horas de Kevin   133
Capítulo 11 - Cómo vencer al perfeccionismo   147
Capítulo 12 - Cómo creció Batman   157
Capítulo 13 - Añadiéndole mente al corazón de Barry   165

Final del Partido   173

1
El fútbol es un juego de mentalidad

Ponte cómodo y cálzate las botas de uno de los jugadores más grandes del mundo de fútbol. Conviértete en una leyenda durante unos minutos. Imagínate jugando bajo los focos de un estadio.

Tú decides a quien elijes. Tal vez eres un seguidor del Barcelona y te quieres imaginar un partido a través de los ojos de Lionel Messi o Xavi Hernández. O quizá prefieras mentalmente meterte en el cuerpo del enigmático atacante italiano Mario Balotelli o del dominante delantero del Manchester United, Wayne Rooney. O tal vez prefieras reflejarte en el juego de la tres veces ganadora del premio FIFA a la mejor jugadora del año, Birgit Prinz o adoptar la forma de un defensa central de clase mundial como Rio Ferdinand, quien protege el área como si su vida dependiera de ello. O quizá lo que te emociona es visualizarte como el jugador brasileño Neymar, Marta Da Silva o el gran estadounidense Mia Hamm. Si eres portero entonces no busques más allá del español Casillas, un auténtico paralotodo.

Ahora construye un estadio en tu mente. Wembley, el estadio Azteca de México, el Camp Nou o el Estadio Olímpico de Roma. En algún lugar donde los sueños se realizan o se rompen. En algún lugar lo suficientemente grande como para empequeñecer a los 22 jugadores que compiten arduamente para ganar el premio. Ponte en el campo.

Capítulo 1

Vamos a añadir a tus oponentes. Hazlos buenos, realmente buenos. Rápidos, ágiles, inteligentes. Esos son a los que se enfrentan los mejores del mundo semana tras semana. Ese es su privilegio y su inconveniente. Ahora a jugar....

A hombros de gigantes

En tu mente, juega con el estilo del futbolista que hayas elegido. Compite duro, con pasión, con entrega, con un deseo de victoria que no conoce límites. Pero así como visualizas este partido imaginario - recuerda lo bueno que son tus oponentes. Se realista acerca de los desafíos que presentan.

Intentas abrirte hueco, ellos te lo cubren, te haces con el balón, y ellos presionan con fuerza sin dejarte tiempo para tomar decisiones. ¿A quién se lo pasas? Incluso con tu cabeza levantada sólo puedes ver camisetas del contrario, les presionas, ellos te hacen un quiebro o lo hacen fácil y te dejan clavado. Te lanzas a hacer una entrada fuerte, ellos la esquivan, tú cubres pero persigues sombras. Vas con todo a por un balón aéreo, pero ellos saltan en el momento adecuado. Recibes el balón, pero con poco tiempo para pasarlo a un compañero de equipo.

Es posible que hayas elegido un futbolista de clase mundial, pero tienes que jugar al máximo. El contrario juega con tu mente. Su juego puede agotar tu energía, borrar tu confianza y distraer tu atención. El campo es un torbellino de información. A cada momento miles de datos se te echan encima. Tu guía interna refleja la complejidad y la velocidad del juego.

"Comprobar el lado izquierdo, atento a los desmarques, aguantar, cubrir el espacio, seguir el balón y el jugador, levantar la vista, recuperar la marca, saltar, pelear la pelota, buscar huecos, marcaje, llevártelo hacia dentro, mirar los lados... aguantar, aguantar."

Y tu cerebro no te facilita las cosas. Quiere darle más vueltas al error que has cometido, pero eso sólo te hará perder tiempo. Se deleita colapsando tu sistema nervioso cuando vas un gol abajo - arruinando tu coordinación y ejecución técnica. Anhela una discusión con el árbitro tras una decisión dudosa que tomó en contra tuya. Quiere que te fijes en el balón en vez de permitirte controlar los movimientos del jugador que estás marcando. Como descubrirás a través de este libro tu cerebro siempre tiende a ir contra tu rendimiento. Está diseñado con inconsistencia en mente, con especial atención a los problemas en lugar de las soluciones. No es el tipo de software que necesitas para mejorar cada semana.

Un juego de mentalidad

¡El diseño de tu cerebro combinado con la dificultad del juego significa que el fútbol puede darte una paliza, y vaya que si puede! En un partido todo sale bien. Clavas pases para tus compañeros de equipo, temporizas cada entrada perfectamente, estás fino y parece que siempre encuentras hueco para recibir cada uno de los pases. Controlar el balón no requiere esfuerzo alguno. Si eres delantero se te presentan un montón de opciones de tiro y si eres un defensa parece que siempre vas a un paso por delante de los contrarios.

Sin embargo, en otro partido la historia puede ser muy distinta. El juego es una tarea dura. Tus piernas se sienten pesadas, tus pies se sienten como si estuvieran pegados al suelo con pegamento. Eres lento para reaccionar, fallas tus pases y el contrario siempre corta cualquier intento de ataque. En este día, el delantero no puede conseguir un tiro entre los tres palos y el defensa comete error tras error, permitiendo a la oposición meterse en el bolsillo un par de goles.

Mentalidad: el origen del rendimiento y la víctima del rendimiento.

Para mí, el fútbol no es sólo un desafío físico - es un juego de mentalidad. Lo digo con convicción, pero no me malinterpreten. Tener una gran mentalidad no significa que estés automáticamente invitado a pisar el mismo césped que Pelé, Maradona o George Best.

No estoy ciego al hecho evidente de que el físico, la capacidad técnica y el conocimiento táctico son las principales características de un fútbol de élite. Sin embargo, tener una mente lo suficientemente fuerte como para ayudar a enfrentarse a los muchos desafíos que se afrontan, dentro y fuera del terreno de juego, puede ayudarte a obtener el máximo de tu potencial futbolístico. Y esto es cierto si eres un jugador de clase mundial en el equipo del Barcelona, si estás tratando de ser un profesional, si te gusta competir cada fin de semana para el equipo local o si simplemente disfrutas de una partidillo con amigos después del trabajo en la liga de futbito.

Entra en mi mundo

Cuando te tomas un poco de tiempo para pensar acerca de tu cerebro futbolístico, estás entrando en mi mundo. En mi mundo, cómo te hablas a ti mismo en el terreno de juego es tan importante como tu capacidad para controlar el balón. En

Capítulo 1

mi mundo, tu lenguaje corporal es un componente vital tanto en el rendimiento como en la capacidad para cabecear un balón cruzado. En mi mundo, el estar completamente preparado para un partido no es solamente lo que debes comer y el acordarte de traer las botas para el gran partido.

Mi mundo es la psicología de fútbol. Y es *tu* mentalidad para con el fútbol en lo que yo te quiero ayudar con este libro.

Siempre que le digo a alguien que soy un consultor de psicología del fútbol, la respuesta va de la risa a la irritación leve. Supongo que la irritación proviene de la presunción de que los jugadores de fútbol multimillonarios no necesitan que les masajeen sus egos o requieren de técnicas para ayudarles a concentrarse. El dinero por sí solo debería ser suficiente. Mi respuesta a esto es variada.

En primer lugar, ser un atleta profesional nunca ha protegido, y nunca protegerá, a alguien de los desafíos de la vida y los funcionamientos negativos del cerebro. Las estrellas del deporte todavía tienen necesidades, deseos, temores, valores, experiencias, inquietudes, dudas, deseos y esperanzas. Ellos son humanos que reaccionan y responden a la adversidad, a situaciones de presión y los rigores diarios del entrenamiento como cualquier otro ser humano lo haría, con las mismas inconsistencias que nos hacen ser quienes somos. La riqueza no es una cura para la falta de confianza en el balón. Tampoco un gran saldo bancario enseña a un jugador talentoso a lidiar con las distracciones sobre el campo o le facilita un manual para saber cómo utilizar su cerebro deportivo.

También hay que recordar que sólo el 0,001% que inicia el camino hacia el estrellato en el fútbol encuentra su destino. La gran mayoría simplemente no tienen la habilidad o la capacidad de aprendizaje físico que los mejores tuvieron. Pero esto no quiere decir que ellos no pueden aspirar a ser lo mejor que se pueda. Yo trabajo con los clientes, tanto en el ámbito profesional como el de aficionados, y como les digo a todos, Soy una extensión para el fútbol, no un psiquiatra. No importa cuáles sean tus innatas dotes físicas - si mejoras tu forma de pensar, podrás mejorar y ampliar tu juego en el fútbol.

Del mismo modo, la risa que causa el nombre de mi profesión es sin duda debido a la concepción errónea que se tiene sobre el juego que se desarrolla delante de la gente. El espectador ve un juego que es rápido, intuitivo y simple. ¿Por qué la necesidad de la psicología?

El cerebro futbolístico funciona en milisegundos

Mi formación deportiva es el golf: un juego lento y metódico en el que se acepta que la mentalidad juega un papel importante en el rendimiento, ya que hay mucho tiempo para pensar. El fútbol es diferente y proporciona un escenario donde la situación cambia a cada instante. Cada vez que me siento, ya sea en la parte de abajo de la gradería, a pie de campo o me paro a un lado de la cancha a ver un partido entero me maravilla la velocidad del fútbol. Los jugadores de talla mundial de hoy tienen aproximadamente dos segundos con el balón para tomar una decisión antes de que sean marcados. Cada acción, cada movimiento que hacen debe ser ejecutado a una velocidad tremenda.

Pero cuando veo a los jugadores de fútbol que compiten sé que hay algo en el campo que va a más velocidad que el propio juego. La ciencia nos ha enseñado que mientras el fútbol se juega en segundos, el cerebro trabaja en milisegundos. De hecho, podemos ser todavía más específicos. La ciencia del cerebro ha descubierto que el cerebro hace que la gente sienta emociones 200 milisegundos después de que un evento ocurra, y puede pensar conscientemente 500 milisegundos más tarde.

Son cosas alucinantes. Cuando un árbitro toma una decisión, el jugador de fútbol siente la emoción en ese mismo momento y piensa acerca de la decisión instantáneamente. Y esto es lo mismo para cualquier jugada, ya sea un gol concedido, un mal pase, o una crítica de un compañero de equipo. Cada evento en el fragor de la batalla trae consigo una reacción emocional inmediata y un conjunto de reflexiones destinadas a influir en la próxima acción del jugador.

Como veremos en este libro, nuestra respuesta a los eventos no es siempre lo que nosotros quisiéramos y tampoco lo mejor para nuestro juego. A través del desarrollo de este libro aprenderás que un futbolista tiene que saber lidiar de una manera fantástica con sus emociones y manejar los procesos mentales cada segundo de cada partido. Con sentimientos y pensamientos que suben a la superficie en un abrir y cerrar de ojos – es difícil manejar el buen rendimiento en el fútbol. La técnica, la anticipación, la atención y la toma de decisión se ven afectadas, en un instante, por el funcionamiento del cerebro y por la mentalidad.

Y las aguas turbias de la mentalidad en el fútbol se ven cada vez menos claras cuando se examina la naturaleza del juego.

Capítulo 1

El centímetro que marca la diferencia

Cuando veo el fútbol estoy constantemente pendiente de las pequeñas diferencias que puedan afectar al resultado. Una entrada mal calculada, un pase mal dado, un tiro flojo, un centro pasado, y una carrera a destiempo son algunas de las cosas que juntas son el factor para ganar o perder partidos. Un buen observador aficionado al fútbol verá esto semana tras semana, tanto en los parques y en el fútbol aficionado como en los partidos disputados en la Liga Premier Inglesa, La Liga, y la Serie A.

No hay un partido que se dispute donde esto no suceda. Permítanme ilustrar esto con dos ejemplos. El primero nos lleva a 1996 y a las semifinales de la Eurocopa. Inglaterra, los anfitriones del torneo, jugaban contra Alemania. Empatados y en tiempo extra, el partido se encontraba muy equilibrado. Este fue un torneo cuando la FIFA, el órgano rector del fútbol mundial, decidió aplicar un formato llamado gol de oro en el tiempo extra, lo que significaba que el primer equipo en anotar un gol ganaba el partido

Penetrados en el tiempo extra Inglaterra tuvo una gloriosa oportunidad para anotar. El enigmático y enormemente talentoso jugador Inglés Paul Gascoigne, angustiosamente vio como, por un par de centímetros, no conseguía rematar un balón que se paseó delante de la portería. Gascoigne se había desmarcado desde el fondo a una buena posición dentro del área alemana y, al darse cuenta que su compañero de equipo iba a hacer el pase cruzado, dio un par de pasos más hacia la portería. Los 80.000 aficionados ingleses contuvieron la respiración cuando vieron lo que Gascoigne vio, la oportunidad de convertirse en un héroe nacional. Pero Gascoigne dudó por un segundo, y mientras estiraba la pierna lo más que pudo – no llegó al balón por centímetros. 30 minutos más tarde, Inglaterra estaba fuera de la competición, perdiendo en una tanda de penaltis para morderse las uñas

Avanzamos rápidamente hasta el 21 de mayo de 2008 y la final de la Liga de Campeones entre el Manchester United y el Chelsea, en el estadio Luzhniki de Rusia. La Liga de Campeones es una de los torneos más importantes del mundo, jugado por equipos de los clubes más importantes de Europa. Siempre llenos de drama - 2008 no decepcionó.

El partido entre los dos clubes ingleses era un ir y venir después de los goles de Cristiano Ronaldo y Frank Lampard, esto dio paso al momento decisivo más agonizante de un partido, la tanda de penaltis. Ronaldo se transformó en villano cuando falló su penalti y el Chelsea, compitiendo por su primera copa europea desde la década de los 90, sólo necesitaba que su capitán, John Terry, marcara desde los once a doce metros de distancia para ganar la Liga de Campeones. Pero once metros pueden parecer veinte bajo presión y después de una carrera vacilante, John Terry resbaló en el momento de tocar el balón, que chocó con el poste derecho y, angustiosamente para Terry, se quedó fuera de la portería. Un centímetro más a la izquierda y el trofeo se hubiera ganado. En cambio, la tanda continuó y, tras otro penalti fallado, Chelsea perdió, vencido en la más dolorosa de las circunstancias por sus rivales ingleses.

Estas historias ofrecen sólo un par de ejemplos del fenómeno del fútbol mundial. En cada partido, cada día, en todo el mundo, desde partidos mundialistas hasta un partido universitario o los divertidos partiditos de futbito - *el fútbol es un juego de centímetros*. Los partidos se ganan y se pierden en un pase mal dado o en una mala entrada. Si te pudieras tomar unos minutos para pensar acerca de tu juego, el juego de los jugadores que entrenas, o los partidos jugados por tu equipo favorito – ¿Cuántas veces las actuaciones y los resultados giran en torno a estos centímetros? Una derrota pudo haber sido causa de un defensor que perdió un poco la concentración contra un delantero muy astuto que logró zafarse de él y anotar el único gol del partido. Una victoria pudo haber sido el resultado de su compañero de equipo que jugando con confianza logro saltar un centímetro más alto que el defensor central para anotar un cabezazo por la escuadra.

El fútbol es un juego de centímetros, por lo que es vital que cada jugador esté equipado con técnicas básicas de psicología de fútbol, para hacer frente a las malas rachas, las decisiones dudosas, los entradas duras, rasurados, los casi fallos y los errores humanos que el juego constantemente ofrece.

El efecto multiplicador

Así que un centímetro aquí, un centímetro allá, son los que median el rendimiento y el resultado de los partidos que juegas. Trabajar en tu psicología futbolística puede influir en que esos centímetros trabajen para ti o en tu contra. Otra razón de peso para trabajar en tu actitud se encuentra en un concepto que me parece influye en la trayectoria de todos los jugadores de fútbol. Es lo que yo llamo el efecto multiplicador.

Imagínate esto: tu entrenador se da cuenta de que tiendes a desconectarte en los momentos cruciales del partido. Él te da un par de ideas para mantenerte enfocado y manejar las distracciones que puedan venirte mientras el transcurre el partido. Estas ideas te funcionan muy bien. Te sientes un poco más en control y enfocado, incluso un poco más concentrado.

Capítulo 1

Esta nueva sensación de enfoque te permite atrapar el balón un poco mejor. Está un poco más bajo tu control, lo que te ayuda a acabar tus pases un poco más rápido. Saber que puedes distribuir el balón antes que tu oponente te marque te inyecta confianza. Con un poco más de convicción saliendo a través de tu cuerpo tienes una racha de actuaciones destacadas que te hacen ganar los elogios de tus entrenadores y tus compañeros de equipo. ¡Más confianza! ¡Más convicción!

Ahora te es más fácil levantar la cabeza y mirar a tu alrededor. Con un mayor estado de alerta puedes ver los movimientos de los contrarios más claramente y los desmarques de tus compañeros de equipo. Esta visión te permite lograr algunas jugadas devastadoras a través de tus compañeros de equipo y tú te vuelves más rápido para seguir y marcar al contrario cuando tiene la pelota. ¡Más elogios! ¡Más confianza! ¡Más convicción! Más consistencia en el rendimiento. Y todo esto comenzó a partir de una pequeña semilla plantada cuando un entrenador te dio algunos consejos para mejorar tu concentración.

He simplificado enormemente el proceso y, a menudo, opera a un nivel que está cerca de lo intangible y casi imposible de definir, pero que es muy real. Es algo que veo semana tras semana con mis clientes.

Así como la tibia está conectada a la rótula y la rótula está conectada al fémur, del mismo modo, el cerebro está conectado al cuerpo y por lo tanto los aspectos mentales, técnicos, tácticos y físicos del juego de fútbol están intrínsecamente vinculados. Ellos trabajan en armonía y por lo tanto el mejorar un área tiene un golpe de efecto en las otras áreas. Por supuesto, esto funciona en ambos sentidos. Una pérdida de confianza puede disminuir tanto la ejecución técnica como la táctica. Como el gran entrenador español Rafa Benítez señala: *"¿Qué es el trabajo físico sin deseo, la habilidad técnica sin concentración, la habilidad táctica sin confianza?"*

El efecto multiplicador es un objeto de estudio tanto para el jugador o entrenador obsesivo de fútbol; los que no sólo tienen la voluntad de ganar, sino que también tienen la voluntad de prepararse para ganar.

Querer ganar es la parte fácil. Tanto si juegas fútbol sala cada lunes, si eres un jugador de diez años jugando para el equipo de la escuela o si estás jugando para Brasil en la final del Mundial, lo más probable es que todo el que está jugando en tu contra también quiera ganar. Pero la realidad es que son la persona y el equipo con más preparación – los que se dan a sí mismos la mejor oportunidad para ganar - quienes normalmente sobresalen.

Y esto nos lleva al corazón de la psicología futbolística. El trabajar en tu mentalidad te da esa ventaja sobre tus oponentes. Tener técnicas simples para jugar con fe inquebrantable y enfoque correcto además de ser capaz de recuperarse con confianza de una derrota, tendrán más influencia sobre el resultado de tu próximo partido que la persona o equipo que ignoran las técnicas de mentalidad, se preparan menos, aunque tengan un deseo extremo de ganar.

Puedes hacerlo sin sudar

Así que un pequeño cambio en la mentalidad del fútbol puede dar lugar a un gran cambio en el rendimiento. Este es mi mantra, mi filosofía, mi pasión. Yo sé que si yo puedo ayudar a un jugador de fútbol a agudizar su pensamiento dentro y fuera del terreno de juego, aunque sea un pequeño porcentaje, sus compañeros de equipo y entrenadores verán una enorme mejora en la calidad y la consistencia de su juego.

Muchos jugadores de fútbol y entrenadores se rebelan contra la psicología, sobre todo porque no quieren explorar lo desconocido o complicado. Mi pasión es el desmitificar en ellos la psicología de rendimiento. Me encanta crear ideas muy simples, hechas en el lenguaje del fútbol, que se pueden quitar y usar en el campo de entrenamiento y el día del partido.

Esto no quiere decir que lo que predico y enseño siempre sea fácil de aplicar. Hay una diferencia entre lo simple y lo fácil. Se necesita tiempo, esfuerzo y práctica para que un jugador mejore su psicología futbolística. Uno no puede "dominar" el juego mental. No es como montar en bicicleta. El aspecto mental del fútbol viene en olas y a trompicones. ¡Es una cosa de todos los días! Igual que tienes que llenar regularmente el depósito del coche con combustible para mantenerlo en marcha, un atleta tiene que llenar su mente con pensamientos que le den a la posibilidad de tener un rendimiento seguro y positivo.

Si me preguntas a qué es lo que me gusta de mi trabajo, te podría dar un sinnúmero de respuestas. ¡Me encanta mi trabajo! Pero si tuviera que señalar una cosa sería el hecho de que puedo influir positivamente en el rendimiento solo con discutir las técnicas de juego en la comodidad de una silla y con una taza de café en la mano. Esto no es porque soy físicamente perezoso, sino porque me encanta la idea de que un jugador pueda mejorar en un deporte físico sin tener que sudar. El lenguaje es la principal herramienta para el aprendizaje y me encanta ver a un futbolista mejorar en el terreno de juego como consecuencia de la simple discusión de los retos que se le presentan, e imaginando lo que el fútbol sería si esos desafíos desaparecieran por arte de magia.

En este libro

Este libro desafiará la manera en la que abordas el fútbol, ya sea en tu forma de jugarlo o tu forma de ver el juego. Y en las siguientes páginas serán exigentes contigo. Tendrás que observar el fútbol como algo más que una serie de acciones. Se examinarán los mecanismos mentales en los que se apoyan la habilidad, la ejecución técnica y la disciplina táctica que ves cuando presencias los partidos de fútbol.

Aprenderás que en el fútbol las cosas más fáciles son a su vez las más difíciles. Que la confianza de un jugador puede desaparecer tan rápido y silenciosamente como llegó. Que toda la capacidad para concentrarte puede disfrutarse en momentos fugaces, pero a menudo es distraída por la misma naturaleza del juego y por la complejidad del cerebro. En un deporte de emoción leerás cómo las carreras de los jugadores con gran talento se frenan como consecuencia de las expectativas que se van creando, la dificultad de la autogestión y por el efecto que los sentimientos negativos pueden tener sobre la claridad de mente a medida que la presión en el rendimiento aumenta. Más importante aún, se te ofrecerán soluciones a los desafíos mentales que te presenta el juego bonito.

Cualesquiera que sean los desafíos mentales a los que te enfrentes en el fútbol, ya sea tu confianza al jugar, cómo te enfrentas a las distracciones o cómo manejas las emociones destructivas, este libro te proporcionará una solución a cada caso y un conjunto de técnicas concretas que se pueden poner a prueba dentro y fuera del terreno de juego. Y la mejor noticia de todas es que el construir un nuevo conjunto de ideas y el cambiar algunas filosofías de juego pueden mejorar seriamente tu nivel de juego.

Un mundo de fútbol diferente

Espero que este libro te lleve a un mundo de fútbol diferente, un mundo que a menudo se oculta a la vista. A lo largo del libro, te voy a presentar no sólo al cerebro de fútbol, sino también a algunos de los pintorescos personajes que se esfuerzan cada día para usar su mente mejorando su rendimiento en el fútbol.

El fútbol es un juego de mentalidad

Algunos de estos jugadores apenas están comenzando en su carrera, preparándose a sí mismos para el camino rocoso que es la progresión. Otros son profesionales experimentados y otros nombres conocidos que han pasado por las alegrías de la promoción, y también por las angustias del descenso.

Se proactivo al leer. Ejercita tu memoria, tu imaginación, tu forma de pensar y explora tu capacidad de experimentar las emociones de las que disfrutan los mejores jugadores de fútbol del planeta. Se incluyen en el texto algunos de los tuits que subo diariamente en el sitio web de Twitter, estos tienen por objeto conseguir que los jugadores de fútbol, entrenadores y aficionados debatan la mentalidad detrás del rendimiento. Espero que estos te inviten a reflexionar.

Este libro no es mi Currículum. Algunos capítulos incluyen casos de estudio de mi libro de jugadas, mientras que otros cuentan la historia de futbolistas que lo han descubierto por sí mismos, o que han buscado la ayuda de psicólogos deportivos, cuyas voces son similares a la mía. Los clientes, amigos o simplemente entrevistados - todos ellos tienen una historia que contar y yo relaciono su historia con el funcionamiento del cerebro, con los matices del pensamiento y con técnicas sencillas de psicología que mejorarán tu juego.

Los jugadores en este libro provienen de diferentes orígenes, tienen personalidades diferentes y han experimentado diversos grados de éxito. Pero también tienen varias cosas en común. Todos ellos aman el deporte, todos ellos están hambrientos por ganar y mejorar, y todos ellos tienen algo que enseñarnos acerca de su actitud hacia el fútbol.

2
Cómo Elvis fundó Graceland

¿Eres un fanático del golf? Si es así, toma un momento y piensa en el poderoso swing de Tiger Woods, que hace crujir la pelota sobre el campo. ¿Tal vez prefieres el baloncesto? Cierra los ojos e imagínate el salto de Michael Jordan mientras flota a través de un grupo de jugadores rivales para anotar otros dos puntos. ¿Disfrutas de los Juegos Olímpicos? Concibe a Michael Phelps, el mejor nadador de la historia, deslizándose por el agua con delicadeza pero con tal velocidad que parece terminar el largo de la piscina con el mismo impulso de su salida

Cuando pienso acerca de deportistas con enorme confianza en sí mismos, mi mente se va inmediatamente a una gran variedad de campeones. Oigo al fanfarrón del boxeo Muhammad Ali, cuyas escandalosas declaraciones en público son geniales porque no sólo refuerzan su propia convicción sino que también desconciertan y reducen la certidumbre de su contrario. Me maravilla la calidad de los libres directos de Beckham y Ronaldo, con unos efectos que sólo pueden ser ejecutados con una estricta técnica. Visualizo el movimiento dinámico de Roger Federer cuando se tuerce, gira y estira para ganar cada punto, cada juego y cada set. Creo en el poder de las hermanas Williams, la precisión de la golfista Annika Sorenstam, y la velocidad sin precedentes de Usain Bolt.

Cuando observas a estos campeones, todo lo que ves es su cuerpo: la precisión técnica, la astucia táctica y la fuerza y esfuerzo físicos. Mi obsesión es con su mente - la mentalidad que permite a su cuerpo rendir día tras día. La mentalidad que permite a su cuerpo funcionar bajo la presión más intensa y ayuda a su cuerpo a mejorar después de cada sesión de entrenamiento.

Capítulo 2

Yo me llevo esta obsesión conmigo en mis viajes - a los clubes de fútbol, organizaciones y a las sesiones individuales con algunos de los mejores futbolistas de la actualidad. También me gusta difundir mi obsesión en el mundo del fútbol usando las redes sociales. A lo largo de este libro, voy a presentar las frases cortas que mis seguidores en Twitter leen diariamente (twitter id *Danabrahams77*) Estos mensajes resumen los puntos clave de cada capítulo y ayudan a digerir la psicología del fútbol. Vamos a empezar con este:

Es la habilidad de un jugador de fútbol el poder gestionar su modo de pensar de manera que lo separe de sus compañeros

De todas las cualidades que puedas imaginar sobre la mentalidad - es el creer en uno mismo y la confianza las que tienden a ser de las que más se habla, las más buscadas y las más difíciles de alcanzar.

Confianza en uno mismo

No hace falta ser psicólogo para saber que la confianza en uno mismo en un deportista es un requisito indispensable. Su presencia es donde la excelencia comienza. Sin embargo, pocos futbolistas saben o entienden cómo construir y mantener la confianza en uno mismo. Algunos lo consideran imposible de controlar, mientras que otros nunca han pensado en como ejercitar su gestión. Del mismo modo, la mayoría permiten que la confianza en sí mismo venga y se vaya igual que su calendario de partidos. Esta apatía no es una indicación de que no les preocupe su autoconfianza, simplemente no saben cómo desarrollarla.

Con demasiada frecuencia, un entrenador de fútbol señalará el campo de entrenamiento como el camino hacia la confianza en uno mismo. Muchos entrenadores predican la ecuación simple "desarrollar las habilidades conduce a la confianza," pero como veremos en este capítulo - ese punto de vista simplista está incompleto y es un coctel sin ningún poder por no haberle añadido la mentalidad a la mezcla.

Creer en uno mismo y confianza

La creencia en uno mismo y la confianza están estrechamente relacionadas. Para mí, la creencia en uno mismo en el deporte se refiere a una visión más amplia: cómo te sientes acerca de ti mismo como competidor. En contraste, la confianza en el deporte es acerca de cómo te sientes para alcanzar el éxito en un momento dado – puede ser en el entrenamiento o en un partido, o durante la ejecución de una habilidad ya sea el remate de cabeza o hacer una entrada.

La creencia en uno mismo incrementa la confianza. Es imposible tener confianza el día del partido si no crees en ti mismo. Es posible tener algunas veces confianza el día del partido, si tienes un poco de autoconfianza. Pero si emanas confianza en ti mismo, si esa autoconfianza fluye alrededor de tu cuerpo y a través de todos tus poros, entonces tienes una gran oportunidad de jugar con consistente confianza. Y una gran confianza en ti mismo ofrecerá confianza a prueba de balas. El tener un mal partido y una gran convicción en ti mismo significa que no serás tan susceptible a un bajón de forma.

La autoconfianza es a la confianza lo que los cimientos son a una casa, o el motor lo es a un coche. Mi trabajo es dar a los jugadores de fútbol ideas y técnicas para construir una base fuerte, o si estamos usando la comparación del coche, entonces un motor de primera clase. ¡De hecho, yo estoy tratando de tunear su motor y llenar el depósito de su coche mediante el aumento de su poder!

La convicción en sí mismo es a la confianza lo que un motor a un coche. Un futbolista sin técnicas para mejorar su autoconfianza no se mueve hacia adelante

Autoconfianza y yo

Yo sé mucho sobre autoconfianza o al menos la falta de ella. Yo sé que, como jugador de golf profesional de poca monta que merodeaba por los torneos satélites en Europa, luchaba por controlar la creencia que yo tenía en mí mismo como golfista.

Capítulo 2

Me situaba en el primer tee y miraba a mis competidores que parecían todos muy altos, fuertes y hábiles. Todos tenían mejores swings que el mío y sus putts fluían de atrás hacia adelante en un perfecto movimiento pendular. Por supuesto que esto no era cierto. Yo tenía un swing muy bueno y un muy buen putt y nadie de los que yo conocía en el circuito de golf tenía poderes de supermán. Pero yo no veía esto porque siempre me vi a mí mismo inferior a los otros golfistas profesionales. Y fue esta imagen de mí mismo la que dictó la creencia que yo tenía de mí mismo como jugador de golf - al igual que la imagen que tienes de ti mismo influye fuertemente en la creencia que tienes en ti. Es la auto-imagen en la que quiero centrarme en este capítulo y, para hacerlo, vamos a empezar con la historia de Elvis.

Llamando a Elvis

Elvis se quedó mirando al campo de entrenamiento con la intensidad de alguien que necesitaba algo con que trabajar. ¡Cualquier cosa!

Algunos de los jóvenes aprendices seguían practicando en la cancha, delante suya, pero él no los vio. Sus brillantes ojos azules miraban hacia delante, pero con su mente enfocada hacia el interior. Una pequeña sonrisa envolvió su rostro mientras buscaba en sus recuerdos. Había dado con algo. Se giró para hablar.

"Quédate con esa imagen," le dije. Yo no quería que perdiera el nuevo catálogo de fotos que obviamente había imaginado, así que giró otra vez la cabeza y volvió a su frágil memoria. Muy lentamente, cerró los ojos y se sumergió en su cine privado, una vez más. Yo le llevé más lejos.

"Puedes darme los detalles en unos minutos. Solo tranquilízate para que te imagines el partido. Utiliza todos tus sentidos como te sea posible. ¿Qué estabas haciendo? ¿Qué has visto? ¿Qué sentiste? ¿Qué oíste?"

Yo quería que Elvis tuviera una rica experiencia sensorial. Elvis estaba cambiando la imagen de sí mismo. Estaba reconstruyendo la convicción en sí mismo. Estaba encontrando su Graceland.

Cómo Elvis fundó Graceland

Cuando David Rouse, el entrenador de porteros de Queens Park Rangers, dijo que quería que yo trabajara con Elvis, mis primeros pensamientos fueron 'corte de pelo funky, música de los 50s, Zapatos de ante azules', no me imaginaba que era un portero Letón con la cabeza afeitada - Pero Esto fue lo que me confrontó a medida que David se explicó. *"Este chico es bueno. Técnicamente puede jugar y físicamente es ágil, pero necesita ayuda. Ha perdido mucha convicción, en parte por estar lesionado, pero también por no haber jugado mucho."* Y continuó: *"Probablemente lo dejarán ir a finales de temporada, pero yo soy un apasionado y quiero ayudar a este chaval a permanecer en el fútbol profesional. Él es lo suficientemente bueno."* Y así fue como conocí a un joven portero letón llamado Elvis Putnins.

Cuando Elvis llegó a Inglaterra hablaba poco o nada de inglés. Hijo de un camionero que había hecho lo que muchos jóvenes jugadores de fútbol de Europa del Este tienen que hacer para llegar a ser profesional - tuvo que dejar su tierra natal y buscar fortuna en una de las ligas más importantes de Europa.

Un cierto éxito inicial como juvenil y algunos torneos a nivel internacional sub-21 le ayudaron a ganarse un contrato con el Queens Park Rangers (QPR) en Inglaterra, que, en el momento de su llegada, era un club de Championship de tamaño mediano (de segunda división en el fútbol Inglés). El club no tardó en encontrar el éxito y el ascenso a la Liga Premier Inglesa, pero el progreso propio de Elvis no reflejó el del Rangers. ¡Él se estancó!

La convicción perdida

Siendo de Letonia para Elvis tenía sentido trabajar tan duro como pudiera en su técnica. Ser portero es una profesión muy técnica y dada la naturaleza analítica y de temperamento frío de Europa del Este ahora se ha puesto de moda entre los cazatalentos de fútbol de los clubes más importantes de Europa salir a explorar los países del bloque del este para buscar talentos en la portería.

Elvis obviamente supuso que su convicción en sí mismo crecería a medida que su capacidad técnica y su conocimiento táctico del juego mejoraran. Había sido siempre, al fin y al cabo, un portero seguro que nunca tuvo que trabajar en el manejo de sus pensamientos y de su temperamento. Ni siquiera sabía cómo hacerlo. Pero Elvis estaba entrenando en un club que competía a un nivel mucho más alto que sus equipos anteriores. Él tenía muy pocas oportunidades para jugar y cuando lo hacía - su juego era pobre, a un nivel que me aseguró Rouse David muy por debajo del que muestra durante los entrenamientos. Elvis era capaz de

Capítulo 2

hacerlo, pero no con la suficiente consistencia y ciertamente no en el fragor de la batalla.

En nuestra primera sesión Elvis me dijo que había perdido la convicción que siempre había tenido en sí mismo. Él ya no se veía capaz de ser un portero profesional. Por la noche pensaba que cometía errores y cuando despertaba reforzaba el fracaso cada vez que repetía esos errores en su mente una y otra vez. El miraba a su alrededor en el campo de entrenamiento y veía a jugadores mejores que él. Para él, los otros porteros que entrenaban en QPR eran inmejorables, mientras que él se sentía lento, perezoso y atemorizado. Su lesión no le había ayudado y a los 30 minutos de nuestra primera sesión, era obvio que el portero que se había visto una vez a sí mismo destinado a las estrellas era frágil, mentalmente perdido y con una confianza en sí mismo destrozada. La imagen que tenía de sí mismo había cambiado. Mi trabajo consistía en revertir esta tendencia mental.

Tú en el espejo

¿Reconoces el reto de Elvis? ¿Tal vez no en el contexto del fútbol, pero en alguna otra área de tu vida? ¿Tal vez has tenido un ascenso en el trabajo que implica responsabilidades y habilidades que nunca has visto en ti (por ejemplo, en presentaciones u organizando juntas con los colegas)? En tu nuevo rol tienes problemas para captar la atención de tu audiencia. Por lo cual tu primera presentación es un desastre.

Si eres un poco más joven y todavía estas en el colegio, posiblemente, tu capacidad de aprender matemáticas se ha ralentizado debido a que no puedes verte entendiendo las complicadas ecuaciones que hay que aprender. Como resultado, le temes a las lecciones y esperas que no se te pida responder a una pregunta en frente de todos los demás y hacer el ridículo.

Nuestras vidas están muy influenciadas por las imágenes que tenemos de nosotros mismos en nuestra mente. Todos tenemos un montón de imágenes de nosotros mismos. Tenemos una imagen específica para ser un esposo o esposa, un hijo o una hija. Estas imágenes pueden ser diferentes a la imagen que tenemos de nosotros mismos en nuestro trabajo que a su vez pueden variar de las imágenes que tenemos de nosotros mismos como amigo.

La persona que tiene una fuerte imagen de sí mismo como un marido puede tener una imagen más débil de sí mismo como ponente. Las diferentes imágenes nos

Cómo Elvis fundó Graceland

ayudan y obstaculizan mientras vamos en nuestro camino por la vida. Hay muchas variaciones y no hay reglas inflexibles. La autoimagen puede ser bastante caótica. Siéntete libre para tomar un poco de tiempo para pensar acerca de todas tus imágenes de ti mismo. Es un ejercicio interesante para hacer.

Por supuesto, si juegas fútbol tienes una imagen de ti mismo como jugador de fútbol. Esta es la imagen del fútbol. Tu imagen como futbolista se refiere a las fotografías y películas que tienes en tu mente, relacionadas con tu fútbol.

Cada jugador de fútbol tiene una imagen de fútbol - una imagen alojada en su mente relacionada con la forma en que se ven como jugadores

Cuando piensas en tu juego ¿qué ves? Tómate unos minutos y deja que tu mente prepare un libro de imágenes o una película corta. ¿Qué imágenes se establecen en tu mente? ¿Ves movimientos nítidos y definidos o acciones letárgicas y lentas? ¿Tu cerebro te lleva hacia confiados pases completos o imprecisos balones perdidos?

Cuando piensas en tus compañeros de equipo, tu mente entrega un mensaje confiado a tu cuerpo, uno que dice *"soy la mejor opción para el equipo,"* acompañado por una visión de ti liderando a tus compañeros de equipo y siendo el jugador más destacado ¿Qué pasa por tu mente cuando piensas en tu contrario o en los jugadores que compiten en un nivel más alto que el tuyo?

¿Es tu película mental acerca de lo *posible*, *el progreso* y *el logro*, o tu pantalla interior sólo muestra a los otros futbolistas como más grandes, mejores y más fuertes?

Este es un ejercicio simple pero es importante hacerlo de vez en cuando, ya que te da una idea de tu imagen como futbolista. Se honesto contigo mismo. No trates de manipular las imágenes en tu mente por el momento. Permite que fluyan naturalmente para que tengas una buena indicación de dónde te encuentras ahora con tu imagen como jugador de fútbol.

Es importante entender que no se trata solamente de una sola imagen. ¡Tienes un montón!

Capítulo 2

Si eres un delantero entonces tendrás imágenes relacionadas con tu capacidad para moverte, para marcar, para mantener la posesión, para encontrar espacios, para ganar cabeceos, para dar en el blanco, para jugar bajo presión y para concentrarte. Como portero, tus películas internas se refieren a tu capacidad para reaccionar y salvar el balón, para salir a por un balón cruzado, para ponerte en la posición correcta cuando estas en un uno-contra-uno, para parar un penalti, para dominar tu área y tu línea defensiva, y para actuar con seguridad bajo presión.

Cada posición requiere un conjunto diferente de habilidades y ofrece una serie de desafíos diferentes, y cuánta convicción tengas en ti mismo en cuanto a las habilidades y los desafíos depende de las imágenes que tengas de ellos.

Dos imágenes de uno mismo en contraste

Phil y Lee eran delanteros que jugaron para la cantera de un equipo profesional que consulté hace ya algunos años. Ambos tenían habilidad y eran iguales en lo físico, pero Phil marcaba goles y Lee no. En sesiones separadas les pregunté lo que veían en su mente cuando pensaban en sí mismos como delanteros. Sus respuestas fueron completamente diferentes.

Phil: *"Veo goles. Me encanta correr detrás de la defensa, usar mi ritmo. Adelantarme un centímetro y bang, meter el gol. Mantener el balón controlado... abrirme, recuperar la posición y entonces, ¡bum! Lanzar un disparo. Veo el espacio. Esa es lo que los mejores ven, y vaya si es eso lo que yo veo también. Espacio significa goles en mi libro, no tengo que pensar donde está el objetivo, porque está ahí y lo sé. Se trata sólo de encontrar el espacio."*

Lee: *"Mi trabajo es marcar, pero es difícil. Como delantero juegas con tu espalda a la portería. Puedo anotar pero veo un montón de fallos cuando pienso en mi trabajo. Yo trabajo duro para el equipo, que es para lo que yo estoy aquí también. Mi movimiento es importante. Moverme bien y darme oportunidades para anotar. Tengo que recordar eso. Veo el área. Está siempre llena de gente y eso hace que sea difícil encontrar huecos. Algunas veces lo hago. Me veo encontrando huecos, pero no todo el tiempo. A veces, la defensa cubre el espacio muy bien."*

¿Cuál de estos jugadores tiene una imagen emocionante, un panorama emocionante? ¿Cuál de estos jugadores se siente que puede anotar? ¿Cuál de estos jugadores elegirías para tu equipo?

 *Un futbolista nunca se desarrollará mejor que la imagen que tiene de sí mismo*

Dominando tu juego

Tu imagen como futbolista gobierna tu partido porque estas imágenes y películas internas te influyen:

- cuánta confianza en ti mismo tienes para aprender y mejorar
- qué tan bueno crees que puedes ser
- qué tan seguro te sientes el día de partido

Un alto nivel de convicción que se traduce en confianza el día del partido normalmente está acompañado de concentración, determinación, esfuerzo, compromiso, libertad y disciplina. Y todo esto se deriva de tu imagen como futbolista.

Sé lo importante que es tu imagen como futbolista porque veo los resultados en acción todos los días. Veo jugadores jóvenes que tienen una gran habilidad y un gran potencial, pero con bajos resultados ya que no se ven como jugadores del primer equipo. Son incapaces de verse compitiendo con los mejores, a pesar de que son más que capaces de poder hacerlo.

He tenido conversaciones con entrenadores de alto nivel que muestran una enorme frustración debido a que algunos de sus jugadores no logran ejecutar las tácticas de los entrenamiento en los partidos. ¿Por qué? Muy a menudo, porque no se sienten capaces de competir con el contrario. Y he tenido numerosas sesiones con jugadores que están sufriendo de un bajón en su estado de forma, ya que sólo pueden visualizar sus malos partidos, sus debilidades y sus errores.

Capítulo 2

Tú te creas a ti mismo

Yo no creo que nazcas con tus imágenes como futbolista. Creo que las desarrollas tú mismo. A mi modo de pensar tú las desarrollas de tres maneras:

- a través de tu percepción
- a través de tu memoria
- a través de tu imaginación

Estas tres maneras de pensar influyen en cómo te ves a ti mismo como jugador de fútbol. Vamos a tomar un poco de tiempo para ver cómo las imágenes negativas de fútbol se desarrollan.

Tal vez eres un delantero y acabas de tener un mal partido. Estas muy decepcionado y sigues repitiendo en tu mente los malos momentos, sobre todo las oportunidades que perdiste. Puedes ver en tu cabeza el tiro que fallaste y el cabezazo tan fácil que se fue directamente hacia el portero. Reproduces estas imágenes una y otra vez en el camino a casa tras el partido, durante el desayuno al día siguiente y en el entrenamiento durante los siguientes tres días

Esta es tu *memoria* alimentando tu imagen y este ensayo constante de los errores influye en cómo percibes el juego. Tampoco ayuda que tu compañero de equipo te envíe un mensaje de texto para decirte que no puede creer que hayas perdido esa oportunidad dorada para anotar. Todo esto te hace suponer que los demás piensen que no eres bueno como delantero. Y tú refuerzas esto al pensar que no eres bueno en el ataque. Esta es tu percepción: tú percibes que no sirves como delantero. A continuación, tu *percepción* se va a alimentar del poder de tu *imaginación*.

Ahora tienes que imaginar todos los lanzamientos errados que vas a tener en el próximo partido. La imaginación luego vuelve de nuevo a tu pensamiento. Piensas que te van a sentar en el banquillo y te imaginas a tu sustituto metiendo goles y evitando que puedas volver a estar en el equipo.

Entonces hasta aparece tu memoria de nuevo imaginándote las oportunidades que te perdiste en el último partido y maldices tu bajo rendimiento. La memoria, la percepción y la imaginación - intimidan tu imagen positiva de fútbol, y la convierten en una serie de clips destructivos. Esto realmente es la psicología de fútbol en acción. Este jugador está desarrollando una imagen negativa como delantero.

¿Tendrá confianza en sí mismo el día del partido si se mantiene alimentando estas imágenes negativas de sí mismo? ¿Estará alerta y vivo, listo para tomar la oportunidad de anotar cuando esta se le presente?? ¿Tomará decisiones efectivas bajo presión o tendrá la clase de movimiento asesino que abre hasta las defensas más cerradas? ¿Si está ensayando estas imágenes día tras día - entrenará con eficacia? ¿Sus entrenadores verán a un delantero seguro y enfocado?

Este delantero tiene que entender que lo que él ensaya en su mente se convierte en su imagen como futbolista. Y esta imagen influye en su confianza en sí mismo. Y a su vez la propia convicción dicta la confianza para rendir bajo presión el día del partido. La imagen de su fútbol es como una cuenta bancaria. Cuanto más dinero se deposita en una cuenta bancaria mayor el interés que se consigue. Mientras más positivos son tus pensamientos mejor será tu imagen, más confianza tendrás, y jugarás mucho mejor. Si gastas más de lo que ganas, tu cuenta bancaria entrara en números rojos que es cuando el banco te empieza a cobrar cargos. Sigue pensando más cosas negativas que positivas y tendrás una imagen pobre de tu fútbol, perderás la confianza y jugarás peor.

Es tu memoria, la percepción y la imaginación los que impulsan tu imagen como futbolista y, posteriormente, tu propia convicción en ti mismo

La leyenda del Tiger

Para mí, Tiger Woods es un ejemplo de alguien que tiene una excepcionalmente fuerte imagen de sí mismo para su deporte y al que solo le llevó algunos acontecimientos extraordinarios en su vida para cambiar y dañar su propia imagen.

Tiger es, para mí, un ejemplo de un fenómeno psicológico andante. La formación que recibió de su padre al crecer fue su inspiración. A la edad de 6 Tiger se quedaba dormido con el sonido de mensajes subliminales positivos. Oía una voz debajo de la almohada, donde su padre (Earl Woods) colocaba una cinta cada noche con mensajes como "Moverás montañas" y "Tú serás el mejor." ¿Esto hizo la gran diferencia en su carrera? ¡Quién sabe! Pero lo situó en un viaje que por más de una década le ayudó a convertirse en uno de los deportistas más fuertes mentalmente que nunca hayan existido en el planeta.

Capítulo 2

"Cada vez que juego, en mi propia mente, yo soy el favorito." - Tiger Woods

A la edad de doce años Tiger comenzó a hacer visitas regulares a un psicólogo clínico deportivo llamado Dr. Jay Brunza que le ayudó a perfeccionar su visualización e imaginación. Y finalmente lo largo de sus años de adolescencia Tiger fue expuesto a una técnica de concentración que ayudaron a construir su fenomenal concentración

Earl Woods jugó con Tiger prácticamente todos los días, y a partir de los 13 años Earl empezó a hacer pequeñas cosas que desconcentraban a Tiger. Él tosía cuando llegaba a la parte superior de su back swing o traqueteaba sus palos de golf cuando Tiger estaba en el green. Como Earl Woods contó más tarde, antes de su muerte, esto frustraba a Tiger inmensamente, pero sabía que era un ejercicio importante para ayudar a afinar su capacidad de concentración antes de entrar en el difícil mundo del golf profesional.

"Yo me imaginaba que iba a ser tan exitoso como jugador." - Tiger Woods

Y así Tiger escuchó y aprendió y cultivó su fuerte imagen como golfista, quizá la más fuerte que haya habido en el golf profesional. Se vio compitiendo y superando a los mejores y cuando llegaba al campo mi conjetura es que en su mente decía *"Yo soy Tiger, estoy aquí y voy a ganar. Ten miedo, mucho miedo."* Y ganar lo hizo, hasta que sucedieron los acontecimientos de diciembre de 2009.

Como golfista, Tiger es un héroe para mí y yo ciertamente no quiero criticarlo profesionalmente. Pero al momento de escribir este libro Tiger no era el mismo jugador que solía adornar la calle con tanta confianza y aplomo, casi arrogante. Las personas pueden objetar que su desaparición actual se debe a su mal estado físico o los cambios en su swing que está actualmente probando. Los dos suenan verdaderos. Pero para mí las acusaciones y posterior aceptación de faltas conyugales ha cambiado la imagen como golfista de Tiger y por lo tanto ha dañado sus actuaciones en el campo. Igual de importante, estos incidentes han cambiado la imagen que otros jugadores profesionales tienen de él. Ya no lo ven como la máquina perfecta de golf que se maneja perfectamente dentro y fuera del campo. Ahora creen que pueden competir contra él en los grandes torneos.

El reto de Tiger Woods en este momento es un ejemplo de lo que puede suceder cuando no nutres tu mente con imágenes positivas y de confianza. Debe ser enormemente difícil hacer esto cuando has tenido el tipo de trastornos en tu vida que ha tenido Tiger en los últimos años. Estoy seguro de que Tiger seguirá trabajando todos los días técnica, física y mentalmente para volver a ser el golfista más fuerte. Estoy seguro de que se enfrentará a este desafío.

Usando los bancos de memoria de Elvis

Seamos claros, a veces mi trabajo es fácil. A veces es muy obvio lo que un jugador tiene que hacer con su forma de pensar. Este fue el caso con Elvis. Él Estaba continuamente recordando y ensayando sus malos partidos y sus equivocaciones y errores. Él alimentaba su imagen con películas internas que le impedían el desarrollo de cualquier sentimiento de confianza en sí mismo. Así que nos pusimos a trabajar y fundamentalmente esto es lo que hicimos.

Yo: *Elvis, tómate unos minutos para pensar en tu mejor partido en este último par de temporadas.*

Elvis: *Vale, eso sería un partido con la Sub-21 de Letonia contra Rumania. ¡Yo estuve increíble! (dijo esto con una gran sonrisa en su cara... ¡bingo!)*

Yo: *Quiero saber más sobre el partido...*

Y así Elvis me dijo más acerca de ese partido. De hecho, hablamos de ese partido durante media hora. Entramos en los pequeños detalles. Lo que él llevaba puesto, cómo se preparó, lo que hizo en el vestuario antes del partido, lo que sintió en los primeros diez minutos del partido, como era su lenguaje corporal, y lo que él se decía a sí mismo y a los demás durante el partido. Quería saberlo todo.

"Al salir lo supe. Simplemente lo sabes, sabes que vas a jugar bien. Me sentía ágil y tranquilo. Un poco nervioso por dentro pero tranquilo. Estaba dispuesto a hacer las mejores paradas. El calentamiento fue genial. Yo estaba ágil, preparado. La pelota se veía grande. Los primeros 10 minutos realmente marcaron la pauta del partido para mí. Saqué un gran disparo con la punta de los dedos y cogí un centro colgado muy peleado. Los delanteros ni se acercaron a mi salto."

Y mientras hablaba, pude ver que Elvis empezaba a levantarse mentalmente. Se encontraba animado mientras hablábamos del partido. Él sonrió. Su voz se hizo más fuerte y más entonada. Él tenía una respuesta física medible paralela a la forma en que ahora se sentía por dentro: cálido y feliz con un sentimiento de convicción. Su imagen como futbolista estaba cambiando.

Capítulo 2

Imágenes positivas diariamente conducirán a grandes impactos de confianza

Ahora inténtalo tú mismo. Trata de alimentar tu imagen. Empieza a recordar tu mejor partido de las últimas dos temporadas. Juega de nuevo tu mejor partido en tu mente. Ve y siente los movimientos, las paradas que hiciste, y las entradas que realizaste. ¿Cómo te veías en el aire? ¿Estuviste fuerte y comprometido? ¿Fuiste un líder: fuerte, dominante y exigente? Ve y siente en tu mente todas las acciones positivas que ejecutaste. ¿Fuiste el primero en llegar a cada balón? ¿Estuviste constantemente enchufado, hablándote a ti mismo, lleno de energía, alerta y atlético?

¿Estabas firme atrás o fuiste un centrocampista de área a área que controlaba el centro del campo con pases profundos y marcajes férreos? ¿Fuiste un portero que jugo con la confianza necesaria para salir por encima del contrario en el área y blocar los centros con facilidad? Imagina y siente las carreras y la forma que te permitió ver los desmarques de tus compañeros de equipo y de los contrarios.

Me gustaría que hicieras este ejercicio todos los días. Me gustaría que alimentaras tu mente con las jugadas de tu mejor partido. Mientras lo haces – permite que una ola de fe en ti mismo fluya a través de tu cuerpo. Disfruta el proceso. Haz que tu película mental se vea grande y nítida con sonido envolvente. Utiliza tantos sentidos como te sea posible sobre todo lo que viste, lo que sentiste y lo que escuchaste. En el próximo capítulo voy a hablar un poco más sobre el arte y la ciencia para imaginarte tu fútbol.

Pienso constantemente acerca de mis puntos fuertes. Yo habito en mis mejores momentos. Yo revivo mis mejores partidos. Conozco mis debilidades y me encanta tratar de mejorarlas

Tu máquina del tiempo

¿Estás comprometido a proceder a construir una imagen de futbolista de gran alcance, y a prueba de balas? ¿Te emociona el alimentar tu mente con imágenes, fotografías y películas de ti jugando a tu máximo nivel? ¿Ya empezaste a darte cuenta de que puedes tomar el control completo de tu imagen, de la confianza en ti mismo y la confianza en el día del partido? Si ya he capturado tu imaginación entonces vamos a llevar las cosas un paso más adelante. Quiero que lleves un diario o, como me gusta llamarlo, una "Biblia del fútbol".

En este diario quiero que escribas los 3 mejores partidos de tu historia. Escríbelos en detalle como lo hemos discutido antes. Esto te dará algo a donde volver cada día y que te puede ayudar a construir y mantener una imagen fuerte de fútbol. Esto te ayudará a tomar el control de los recuerdos que tienes de tu fútbol.

Al escribir tus 3 mejores partidos recuerda momentos clave, como las carreras que realizaste, las entradas, los marcajes, los pases y los cabeceos que ganaste. Añade sentimientos a tu historia - "Me sentí fuerte, seguro y poderoso" y "Me sentí como si yo fuera invencible" - se trata de imágenes emocionantes para recordar y reforzar. ¿Si tus amigos o seres queridos estaban presentes, que es lo que crees que habrían visto? Escribe su punto de vista también.

Permíteme darte un ejemplo de una entrada que puedes escribir en tu Biblia del fútbol. Este es un segmento de la Biblia del fútbol de un joven defensa central que juega al fútbol amateur.

"Fue un partido contra nuestros rivales locales. Yo estaba nervioso, pero me sentí como que podía jugar bien ese día. Calenté bien. Si hubiera estado en el banquillo viéndome a mí mismo hubiera visto un gran lenguaje corporal, realmente dominante. Hubiera escuchado mi voz animando a otros. Me hubiera visto a mí mismo dominando el balón en el calentamiento. Me sentía vivo, activo y lleno de energía. Recuerdo haberme dicho a mí mismo "Vamos que hoy puedo hacer esto, voy a tener un gran día". Realmente me sentía responsable de mí mismo. Justo antes del saque inicial me sentía fuerte en el vestuario, animando a todo el mundo, estrechando manos, dando palmadas. Me sentí muy optimista en ese momento. Yo no era el capitán pero sentía que era más fuerte que él de todos modos.

Aunque no vimos mucho de la pelota en los 10 minutos iniciales me mantenía ocupado. Fijé al delantero en algunos saques de esquina, me aseguré de que no se acercara a la pelota. Eso me dio confianza, el saber que lo podía dominar

Capítulo 2

Cuando estuvimos un gol en contra Todavía recuerdo la sensación de calma. Eso me agradó y animé a nuestro portero ya que había cometido un error en el gol. Estaba ganando todos mis duelos y leía el partido bien. Me sentí comprometido en cada entrada. Me sentía fuerte, fuerte, fuerte.

Me encanta la forma en que mi cabeza estaba siempre alerta. No sólo por confianza, sino también la atención. Tuve tiempo para pensar. Podía ver las oportunidades y los peligros."

Esta entrada en la Biblia del fútbol ayuda a este joven defensa a recordar lo que hace cuando lo hace bien. En él se destacan los términos clave como "fuerte" y "en forma" y "cabeza alerta". Me encanta el hecho de que esta narración es viva y recuerda el gran partido a través de sus propios ojos y ante los ojos de la multitud. Es emocional. Se siente emocionante y especial. Esto es lo que quiero para tu Biblia del fútbol.

Este proceso te ayudará a recordar lo mejor de ti con más facilidad. Las palabras que escribas detonarán tu memoria y evocarán las imágenes internas que has guardado. Es como encender una luz en un cuarto oscuro. Enciendes la luz y se puede ver la habitación en vez de ir buscando a tientas en la oscuridad. Registra los detalles de tus mejores partidos en tu Biblia del fútbol y cambiarás a imágenes emocionantes, positivas y confiadas cada vez que le eches un vistazo

Comprometerse a leer tus mejores partidos al menos una vez al día. Elvis decide poner una narración de sus mejores partidos en su nevera y junto a su cama. Él sabe que cuando quiere un vaso de jugo es la oportunidad de entrenar a su forma de pensar. Él sabe que en cuanto su mirada pase por el papel magnetizado al frente de la nevera verá las palabras "Letonia frente a Rumania, Partido de la Sub-21" y mientras sacia su sed tendrá la oportunidad de saturar su imagen de fútbol con imágenes positivas. También sabe que cuando se despierte cada mañana lo hará vislumbrando las mismas palabras, que están junto a su cama. Una pequeña inyección de creencia es la tónica para este joven portero al empezar la mañana.

Mediante la formación de su memoria, podrá ser Elvis el próximo Peter Schmeichel? Tal vez si, tal vez no. Pero lo que Elvis sabe es que cuando cumpla 20 años, una edad muy joven para un portero, y al salir de QPR para irse a otro club, será capaz no solo de desarrollar su habilidad técnica sino que ahora es capaz de trabajar en su forma de pensar. A medida que continúa dando forma y uso a su memoria da un paso más cerca de una imagen fuerte de fútbol. Y yo creo que a Elvis le irá bien, porque tiene más en su arsenal, no sólo su memoria. Él también usa su imaginación. Ha aprendido que no sólo es importante recordar sus mejores partidos, pero que él debe utilizar este modelo para ensayar su futuro éxito. El siguiente capítulo seguirá estudiando otra técnica que Elvis está utilizando para encontrar su Graceland.

3
Soñar despierto

Creo que todos los futbolistas lo hacen.

Ciertamente mis clientes lo hacen - sin que yo les diga que deberían hacerlo. Lo hacen sin que sus entrenadores les digan que les ayuda. Ellos tal vez lo hacen, aun cuando ellos no creen que lo hagan. El portero ex internacional inglés David James lo hace bastante: *"Lo hago en la habitación del hotel antes del partido, en el autobús y en el terreno de juego..."* Fernando Torres lo hace y lo mismo ocurre con Didier Drogba. Sus primos atletas lo hacen en la cancha, el circuito, y la pista.

Estoy hablando de imaginar el rendimiento. Me refiero a ese momento de tranquilidad cuando un deportista se sumerge en una burbuja de concentración y construye un mapa mental del partido que quiere jugar. En este capítulo te voy a desafiar a que utilices tu imaginación. Vamos a discutir cómo tus sueños alimentan tu imagen de futbolista y cómo se pueden manipular para que se conviertan en un modelo mental de tu juego.

El despertar de la psicología deportiva

La década de 1980 trajo infamia, drama y acción al campo de fútbol. En 1981 Ricky Villa, uno de los primeros jugadores extranjeros que jugaban en la máxima categoría del fútbol Inglés, hizo una carrera laberíntica en la final de la Copa FA con los Spurs contra el Manchester City. Abrió la defensa y anotó un gol que

Capítulo 3

muchos consideran como uno de los mejores que se han visto en una competición nacional en el mundo

En 1982, los aficionados al fútbol fueron testigos del emotivo "grito de Tardelli" llamado así después de la celebración enfática tras el gol que ganó el Mundial para Italia. Italia triunfó a pesar de la increíble colección de jugadores que Brasil envió ese año. Tenían a Sócrates, Zico, Falcao y Eder, probablemente el mejor equipo internacional que nunca ganó la Copa del Mundo.

1986 trajo polémica cuando el mejor jugador del mundo por aquel entonces, Diego Maradona, infamemente declaró que su gol con la mano en cuartos de final del Mundial de fútbol contra Inglaterra fue anotado por la 'mano de Dios'. ¿Y qué aficionado al fútbol podría olvidar el maravilloso gol de Marco Van Basten en la final del Campeonato Europeo de 1988? El remate impecable desde el borde del área que se las arregló para pasar a través de los brazos extendidos del portero ruso. No hubo escasez de drama durante la década de 1980, una década de incidentes que iluminaron el deporte rey a una escala global.

Al mismo tiempo, muchas universidades estadounidenses empezaron a interesarse en la influencia que el cerebro y la mente tienen sobre el rendimiento deportivo. El deporte de élite se hacía cada vez más competitivo y los deportistas de clase mundial en todas las disciplinas exigían nuevas formas de mejorar y superar a la oposición.

Hacia el final de la década, el psicólogo deportivo William Straub, mientras trabajaba en uno de esos colegios, demostró el extraordinario poder de la mente. En una prueba revolucionaria, pidió a los estudiantes tirar 50 dardos a un tablero y luego embarcarse en un programa de entrenamiento especial. Después de haber contado las puntuaciones iniciales, los estudiantes fueron divididos en grupos diferentes. A algunos se les pidió no jugar a los dardos de nuevo hasta después de 8 semanas, cuando tenían que volver a pasar otra prueba. Otro grupo practicó lanzando dardos durante 30 minutos diarios, cinco días a la semana, durante ocho semanas. Un tercer grupo alternaba entre la práctica física e imaginarse lanzando dardos. Se les dijo que se imaginaran a ellos mismos situados en la línea de lanzamiento, que sintieran el dardo en sus dedos, sentir que lo sueltan, ver y escuchar cuando el dardo golpea la diana, y dejarse llevar por la experiencia de la satisfacción que se siente al lanzar dardos certeros.

Después de ocho semanas, el grupo que no había practicado física o mentalmente no mostraron mejora. El grupo que practicó diariamente mejoró por un promedio de 67 puntos. Sin embargo, el grupo que utilizó ambos, la práctica combinada con 'los lanzamientos imaginarios' mejoraron hasta en 165 puntos: una mejora increíble y una diferencia notable entre el grupo mentalmente capacitado y el grupo que sólo entrenó físicamente.

Pidiendo a la gente que usara su imaginación de una manera constructiva, Straub demostró que las habilidades deportivas se pueden desarrollar más rápidamente y ejecutar mejor cuando el entrenamiento abarca tanto el cuerpo como la mente. Sus hallazgos científicos, junto con los resultados de otros estudios similares, llevó a entrenadores de todos los deportes a que empezaran a decirle al mundo del deporte acerca de los beneficios del entrenamiento mental y la mentalidad. Esto tuvo sentido para aquellos que querían ser los mejores en su deporte.

Deportistas Olímpicos, golfistas y tenistas empezaron a ver psicólogos para obtener *la ventaja mental*. Los entrenadores asistieron a programas de entrenamiento mental para aumentar su conocimiento de cómo funciona el cerebro en situaciones de presión. Muy pronto los deportistas de equipo comenzaron a desarrollar sus mentes. Si querían estar en la alineación inicial necesitaban una ventaja sobre los otros jugadores de su equipo. Los jugadores de fútbol necesitaban encontrar métodos para agudizar su mente para defender mejor, para dar pases con más confianza, para hacer entradas con mayor intensidad, y para anotar más goles.

*Un jugador de fútbol debe ejercitar su mente
todos los días tal y como lo hace con sus músculos*

Wayne Rooney

El joven Wayne Rooney anotó goles. ¡Muchísimos! Él anotó 114 en 29 partidos para el Everton benjamín. Desde muy joven supo dónde estaba la red. Hizo su debut en un primer equipo a los 16 años, pero no fue hasta 5 días antes de que cumpliera 17 años que el mundo del fútbol se puso de pie y se dio cuenta de él.

En octubre de 2002 el Arsenal FC era *el equipo a vencer* en la Premier League No habían perdido en 30 partidos y Arsene Wenger estaba confiado de lograrlo en 31 partidos, cuando viajaron un 19 de Octubre a Goodison Park, el hogar del Everton FC,. Wayne Rooney tenía otros planes.

Capítulo 3

Con el juego destinado a un empate, Rooney tomó el balón 15 metros fuera del área. Empezó a correr con el balón hacia un nervioso defensa del Arsenal, y al verlo retroceder probó su suerte a 30 metros de distancia. Golpeó la pelota con fuerza, superando la pierna extendida del defensa del Arsenal Sol Campbell y más allá de la estirada desesperada del portero David Seaman. La pelota golpeó la parte inferior del travesaño y se hundió en la red. Con este tiro de 30 metros llegó un nuevo héroe futbolístico.

Este audaz gol fue anotado gracias a la habilidad, la técnica y la visión, pero también gracias a la mentalidad. Rooney ha hablado un poco acerca de cómo, desde que era un jugador muy joven, tiene visualizados patrones de juego y situaciones de gol para aumentar su rendimiento.

"Parte de mi preparación es cuando voy y le pregunto al utillero qué color vamos a usar. Si es jersey rojo, pantalón blanco, calcetines blancos o calcetines negros Entonces me tumbo en la cama la noche antes del partido y me visualizo a mí mismo marcando goles o jugando muy bien. Tratas de ponerte en el momento y tratas de prepararte, tener una "memoria" antes del partido. No sé si lo llamaría visualizar o soñar, pero lo he hecho siempre, toda mi vida. Cuando era más joven, yo solía visualizarme anotando goles maravillosos y cosas así. Desde los 30 metros de distancia, esquivando a los equipos. Solía visualizarme haciendo todo eso, y ahora que juego profesionalmente me doy cuenta de que es importante para mi preparación." (Fuente: 17/5/12 The Guardian)

¿Que estaría haciendo Rooney una noche antes del momento que definió su carrera? Creo que lo sé. Creo que Rooney estaba sentado en su sofá o acostado en su cama imaginándose cómo quería jugar. Creo que estaba inmerso en su propio cine privado ensayando cómo quería jugar contra el Arsenal. Creo que su película interior estaba compuesta por la intensidad con la que quería jugar y los desmarques que quería hacer. Las acciones que le darían la mejor oportunidad para anotar.

Sólo podemos adivinar las imágenes que Rooney crea en su mente mientras se prepara para un partido. ¿Qué películas interiores crees que tiene? Imagínate que eres Rooney y te estás preparando para jugar en el Manchester United mañana. ¿Qué te imaginas? Inténtalo. Tal vez es algo como esto:

"Goles. El balón viene hacia mí, me lo coloco y corro detrás de él. Tiros a distancia, pie izquierdo, pie derecho. Ocupado alrededor del área, sin parar de trabajar, volverme un incordio. Siempre buscando romper la línea de la oposición, meterme entre los 2 defensas centrales. Presionarlos, incomodarlos. Sacar a los defensas de su posición - dar a mis compañeros de equipo la

oportunidad de anotar. Encontrar el desmarque - animado, y a tope los 95 minutos."

Imagínate esta escena a través de los ojos de Rooney. Ponte su camiseta roja y compite con su intensidad y deseo. Sé Wayne Rooney en tu mente durante 5 minutos.

La voluntad de ganar se ensombrece por la voluntad de prepararse para ganar

David James

Si hay un papel solitario en el equipo de fútbol, es el de portero. La naturaleza de esta posición trae consigo el peso del resultado. En cualquier otro lugar en el campo si cometes un error puedes fácilmente salirte con la tuya. Cometes uno como portero y es probable que te conviertas en el villano.

El portero requiere una gran mentalidad. Tiene que comandar desde el área y organizar eficientemente su línea defensiva. Él puede ver lo que otros no pueden - por lo que debe ser los ojos de sus compañeros de equipo, que no siempre saben que el peligro se acerca. Su atención debe ser impecable. Él es la última línea de defensa y también el primer instigador del ataque. Tiene que ser valiente. Debe saltar más alto, más fuerte y con mayor coordinación que todos los demás cuando un centro cruzado amenaza su área de meta.

Con su 1.98 de altura, el portero ex internacional inglés David James, es el modelo perfecto para un portero. Pero para este jugador de 41 años de edad, que está a punto de jubilarse al momento de escribir esto, su carrera entre los tres palos nunca ha sido fácil. Se esforzó por colocarse en el mundialmente famoso Liverpool, donde el cuerpo técnico le dijo que *"dejara de quejarse y se pusiera manos a la obra"* cuando pidió ayuda mentalidad competitiva James buscó en otra parte para trabajar con su mente, admitiendo libremente que las imágenes visuales se han convertido en uno de los pilares de su preparación y rendimiento.

Capítulo 3

"Me imagino que el balón viene hacia mi esquina inferior derecha, y me veo blocándolo, desviándolo o despejando de puños. Luego paso por todas las variantes de ese tiro y su parada. Los días de partido son un clásico. Me despierto por la mañana, desayuno o tomo algo, me meto en la ducha y luego me quedo ahí parado durante 10 minutos revisándolo en mi mente. Luego, en el coche, me detengo en el semáforo, bloqueo algunos centros y sigo adelante. Cuando mis compañeros de equipo están en el otro extremo del campo, estoy ocupado visualizando lo que pudiera pasar." (Fuente: The Guardian 22/5/04).

Al igual que Wayne Rooney, David James mentalmente se sumerge diariamente en un mundo competitivo. Él no deja piedra sin remover, tratando de imaginar cualquier eventualidad que un partido le pudiera presentar. Su ensayo mental es tan importante para él como su entrenamiento físico.

"Portería a cero. Dominante en la portería. Un muro de ladrillo - el área es mi casa. Este es mi área y yo la domino. Palomitas, tocando todo. Comunicativo con mi defensa - Mandando sin tregua. Los centros no son problema - siempre blocados. Blocajes a la primera todo el tiempo. Me encanta el uno contra uno. Buena técnica – me coloco, las manos abiertas, a por él."

Estas imágenes y películas internas refuerzan tu imagen de futbolista y crean una fortaleza alrededor de tu autoconfianza. Llevan la confianza en tu rendimiento hasta el siguiente partido. Comprométete con este proceso diariamente. Comprométete a pensar como un ganador.

Para ganar tienes que tener confianza. Para tener confianza tienes que pensar como un ganador. Se inicia con el pensamiento

¿Qué estás ensayando?

Jugadores como Wayne Rooney y David James entienden de manera innata o han aprendido qué es lo que necesitan para alimentar su mente con pensamientos relacionados con la forma en la que desean jugar. Ya sea por diseño o no, se toman el tiempo durante el día para predecir mentalmente un futuro exitoso en el fútbol.

Soñar despierto

Frecuentemente, cuando un jugador de fútbol piensa en su futuro futbolístico, ya sea que esté relacionado con el siguiente partido o la temporada que se avecina, piensa en la manera como *no quiere jugar*. El dirige obras en su mente relacionadas con la pérdida del balón, fallar y ser vencido. Esto se debe a que nuestro cerebro le resulta más fácil registrar, recordar y pensar en los acontecimientos negativos más rápida y profundamente que en los positivos. Por esta misma razón a Elvis, el del capítulo anterior, le resultaba tan difícil recordar sus grandes partidos. El marcaba sus fracasos, mientras que perdía la página mental de su partido sub-21 entre Letonia y Rumanía donde había jugado tan bien.

Elvis recordaba solo los goles que dejo entrar y se olvidaba de los que había parado. El cerebro funciona mejor para ensayar el fracaso. Un líder en neuropsicología, llamado Rick Hanson llama a esto "tendencia la negatividad del cerebro". Él dice que el sistema nervioso humano busca, reacciona, almacena y recuerda la información negativa de uno mismo y de su mundo. Me encanta la forma en la que describe el cerebro como el velcro para las experiencias negativas y el teflón para las positivas. Lo que no me gusta es que esto significa que el estado natural del cerebro es hacer añicos una imagen positiva del fútbol.

Los jugadores como Wayne Rooney y James David son atletas fantásticos con una gran capacidad futbolística, pero a nivel de élite están sujetos al mismo tipo de errores que los futbolistas aficionados. Rooney perderá el balón, fallará un marcaje y dejará pasar grandes oportunidades para marcar. Hay que aceptarlo – ¡él lleva mucha más presión cuando juega! Él lleva el peso de 70.000 aficionados en el estadio Old Trafford de Manchester y la carga de tener que complacer a los millones de seguidores del Manchester United en todo el mundo, desde los EE.UU. hasta Japón. Si comete un error todo el mundo lo está mirando. Y sin embargo, esta carga de expectativas no lo detiene. Él prefiere imaginar el éxito. El decide crear un estadio en su mente y jugar de la manera en que tiene pensado.

¿Qué prefieres ensayar en tu mente? Esta es una pregunta importante porque, tal vez sin saberlo, tu cerebro está ensayando todo el tiempo e influenciando tu imagen del fútbol y cómo *te sientes* acerca de tu juego.

Trabaja en tu confianza y verás que puedes ser más hábil de lo que nunca había pensado que serías

Capítulo 3

El cerebro siempre está conectado

El cerebro es una constante e interminable algarabía de ruido. Se hierve a fuego lento hasta perderse de vista todo el día durante todos los días. Si tuviera que abrir tu cerebro me enfrentaría con una actividad eléctrica similar a la que ves en una tormenta eléctrica en la Tierra desde el espacio. El cerebro zumba mientras los miles de millones de neuronas se conectan y reconectan. Incluso un cerebro en reposo, tu cerebro cuando estas relajado está vivo y activo.

Esta constante conmoción significa que el cerebro está siempre encendido. Esta clasificando las imágenes recibidas de tu fútbol, incluso cuando no estás conscientemente pensando en el fútbol, el cerebro está desarrollando las imágenes que cree son las imágenes de fútbol más adecuadas para ti.

¿Te has encontrado alguna vez a ti mismo sentado viendo un poco de TV o jugando a un videojuego, cuando de repente algunos pensamientos de fútbol saltan a tu cabeza? Este es tu cerebro provocándote acerca de tú juego. Te está recordando de las habilidades importantes que debes ejecutar para jugar lo mejor posible. El reto es que el cerebro es brillante reforzando cómo *no quieres jugar en lugar* de como quieres jugar. Este proceso es la parte negativa del cerebro que describí anteriormente. Tu reto es comunicarte con tu cerebro para asegurarte de que va a mostrar las mejores fotos, ya que son estas imágenes las que te ayudarán a ti y a tu cuerpo a *sentirte* que puedes competir al máximo.

Cuestionar el siguiente partido

El partido es el sábado. Es lunes y me gustaría saber con qué estás alimentando tu imagen de fútbol, porque lo que le digas a tu imagen de fútbol es lo que marcará la gran diferencia en cómo te sentirás el día del partido. ¿Estás haciendo tu mejor simulacro de juego? ¿Estás sacándole filo a tu memoria al pensar en tus mejores partidos? ¿Has abierto tu Biblia del fútbol el día de hoy? ¿Las palabras positivas de confianza que has escrito en ella están dominando las imágenes y películas que tienes en tu mente? ¿Te estás sumergiendo en un mundo lleno de autoconfianza futbolística?

Llevemos las cosas más lejos. Vamos a subir la marcha del trabajo que estás haciendo con tu imagen de fútbol: es hora de empezar a usar tu imaginación.

Como consultor de psicología del fútbol, mi trabajo es hacer más preguntas que declaraciones. La mayoría de las frases que formo se completan con un signo de interrogación en lugar de un punto o signo de exclamación.

"¿Crees que la forma en que te hablaste a ti mismo te ayudó?"

"¿La actitud que tuviste en el entrenamiento de hoy te llevará a dónde quieres ir?"

"Específicamente, ¿qué disfrutaste más del partido de la semana pasada?"

Estas son sólo algunas de las preguntas que les hago a mis clientes todos los días. Al hacerles las preguntas les doy la oportunidad de mirar en un mundo diferente, donde su forma de pensar y su comportamiento son ligeramente diferentes para que puedan producir resultados diferentes.

Quiero que mis clientes reflejen este cuestionamiento por la sencilla razón de que quiero que usen su imaginación. Quiero que piensen en lo que está por venir. Yo sé que si mis clientes disfrutan el proceso de hacer grandes preguntas van a cultivar una imagen de fútbol fuerte y disfrutarán de los beneficios de una mentalidad llena de confianza en sí mismo.

Esto es porque sé que cuando contestan las preguntas que se hacen, abren un montón de imágenes en su mente. Y estas imágenes impulsan su imagen de fútbol. Esto es exactamente lo mismo para ti. Hazte una pregunta acerca de tu juego de fútbol y en el proceso de responderte se te van a venir una serie de imágenes a tu mente consciente que alimentarán tu imagen de fútbol.

Las palabras crean las imágenes. Tus imágenes dirigen tu confianza en ti mismo. Tu creencia en ti mismo impulsa tu confianza. Pero esto empieza con las palabras

Capítulo 3

Entonces, ¿qué preguntas puedes hacerte que alimenten tu imagen para los siguientes partidos? Aquí están algunos ejemplos:

- *¿Qué parecerá y cómo me sentiré si juego lo mejor que puedo en el próximo partido?*
- *¿Qué movimiento tendré si soy dinámico, rápido, y con plena conciencia de lo que está sucediendo a mi alrededor?*
- *¿Qué hará la gente si me ven anotar un gol?*

Intenta esto ahora mismo. Pregúntate algo de tu fútbol relacionado con el próximo partido. Haz una pregunta positiva porque quieres impulsar el positivismo, imágenes optimistas en el primer plano de tu mente.

"¿Que verá el entrenador la próxima vez que anote un gol?"

"Él verá que empiezo la carrera por el centro del terreno de juego mientras el balón va hacia la izquierda. Él me verá desmarcarme desplazándome primero hacia la izquierda y luego a la derecha. Él verá que temporizo mi salto perfectamente y remato el centro con un potente cabezazo. Verá la parte posterior de la red como se abulta mientras el balón se clava más allá de los brazos extendidos del portero. Él me verá celebrando."

Una pregunta, muchas imágenes *interesantes*. Un montón de fotos para aumentar tu imagen de fútbol y autoestima para el próximo partido. Un montón de imágenes que obligan a tu interior a ver lo bueno que eres en realidad. Un montón de imágenes que propagan un sentimiento de seguridad por todo tu cuerpo.

El número de preguntas que puedes hacerte acerca de tu próximo partido es ilimitado. El objetivo principal es abrir un catálogo de imágenes y películas que te ayuden a reforzarte al máximo.

Las preguntas te permiten ejercitar tu imaginación y tomar posesión de tu pensamiento y tu imagen de fútbol. Las preguntas ayudan a dirigir tu cerebro en el camino correcto. Te conviertes en el jefe. En lugar de ser un esclavo de las declaraciones negativas que aparecen en tu cabeza – el hacer preguntas es una forma proactiva de pensar. Las preguntas te permiten que al dar las respuestas y pensamientos estos se hagan cargo de las imágenes y películas que toman el centro del escenario en tu imagen de fútbol.

La creencia no es una cualidad que se ponga en marcha con facilidad. Debe ser incentivada diariamente a través de grandes imágenes interiores y películas

Un secreto: el cuerpo de la mente

Cierra los ojos e imagina a tu futbolista favorito. Ahora imagina a un ser querido. Por último, la imagen de la calle donde vives. Este tipo de imágenes activan las partes del cerebro involucradas en la percepción visual.

Ahora quiero que te imagines chutando el balón. Mira hacia abajo al balón y siente el balanceo de tu pierna, haz contacto con la pelota y golpea a través de ella. En esta tarea estas utilizando el cuerpo de tu mente, en realidad estás sintiendo las acciones de su cuerpo. Es lo mismo que imaginarte que estás escribiendo algo o haciendo un dibujo. Imagínate chutando, agitando los brazos en el aire y asintiendo con la cabeza. Los psicólogos llaman a esto *imaginación motora*. Lo que es importante saber durante este proceso es que estás sintiendo la acción del movimiento que te estás imaginando.

Así como el psicólogo William Straub, otro importante científico cerebral norteamericano llamado Álvaro Pascual-Leone encontró algunos resultados sorprendentes en un estudio de visualización y rendimiento.

Pascual-Leone pidió a los estudiantes a hacer un experimento en el que tenían que hacer un ejercicio de cinco dedos. Él tenía 2 grupos: el grupo 1 que físicamente hizo el movimiento y el grupo 2 que no se les permitió "hacer" el ejercicio. En lugar de eso ellos tuvieron que imaginarse a sí mismos haciéndolo.

Los alumnos del 2º grupo estuvieron por 2 horas al día, 5 días a la semana, imaginando sus dedos en movimiento en la secuencia que se les pidió. La clave, Pascual-Leone les explicó, era asegurarse de que *sintieran* el movimiento de los dedos cada vez que se imaginaban moviéndolos.

Los resultados del experimento fueron increíbles. Pascual-Leone utilizó tecnología moderna de escaneo cerebral para examinar los cerebros de los estudiantes después de haber completado la tarea. Él descubrió que los cerebros del grupo que habían imaginado simplemente haciendo el ejercicio habían

Capítulo 3

cambiado de la misma manera que los cerebros del grupo que realizó el ejercicio físicamente.

Sorprendentemente sólo al imaginar el movimiento - el cerebro de los estudiantes había cambiado.

El cerebro cambia con todo lo que haces y todo lo que piensas. Por eso es tan importante pensar en cómo quieres jugar (en lugar de como no quieres jugar). Piensa en cabecear el balón con fuerza y tu cerebro cambiará para que esto sea más probable. Piensa en la alineación de tus hombros y el cerebro se estructurará para ayudar a que esto suceda. Estos modelos en tu cerebro te ayudarán a ver el juego lleno de posibilidades y no lleno de peligros potenciales.

El cerebro no puede distinguir entre lo que es real y lo que es imaginario. Esta declaración se encuentra en el corazón de la psicología del deporte y es muy importante - que vale la pena repetirla. *El cerebro no puede distinguir entre lo que es real y lo que es imaginario.*

Al vivir tus imágenes/películas interiores, el secreto es llevar esa visualización en acción tanto como sea posible. *Imagínate* a ti mismo competir y *sentir* los movimientos - el movimiento y las acciones que son relevantes para lo que te estas imaginando. De esta manera volverás a organizar tu cerebro de fútbol y construirás una imagen fuerte de fútbol.

No solo te imagines a ti mismo haciendo una carrera - siente la carrera. En tu mente, mueve las piernas tan rápido como puedas. Siente tu cabeza girando mientras miras por encima del hombro para ver la pelota en el aire. Siente como sacas el pie hacia fuera para controlar el balón y siente ese balón aterrizando suavemente sobre tu pie. A medida que avanzas en ese laberinto de piernas siente la pelota tocar el interior o exterior de tus botas mientras te ves esquivando jugadores. Siente sus cuerpos irrumpiendo tu camino y siente el equilibrio y la fuerza para mantener la firmeza de tus pies. Al chutar, siente el peso de tu cuerpo detrás de la pelota y todo el poder disperso sobre el balón.

Cuanto más sientas a la vez que veas tus imágenes, estas serán más poderosas - y tu cerebro cambiará más hacia el cerebro de fútbol de tus sueños.

Dobla tu imaginación

Lo mejor acerca de tu imaginación, es que no tiene por qué reflejar la realidad. No importa cuál sea su nivel de juego, se puede construir un mundo de fútbol en tu mente que vaya más allá de lo que ordinariamente creas que es posible para tu juego. Puedes ver y sentirte a ti mismo marcando golazos. Puedes ver y sentirte jugar sobrado, con la cabeza en alto, recibiendo pases perfectos una y otra vez.

¿Por qué no eres un poco extravagante con tu película interior? ¿Por qué no imaginas que en tu siguiente partido como defensa vas a ganar cada cabezazo y cada entrada? Como mediocampista, por qué no te imaginas dominando completamente el centro del campo: dando pases precisos, moviéndote a través de un montón de jugadores y dando pases precisos a los laterales. Si eres portero, disfrutando la sensación de hacer paradas a bocajarro y saltando por encima de la oposición para atrapar y reclamar el balón. Como delantero adornar tu película con goles. Ver y sentir el balón viniendo hacia ti sobre el borde del área y sentir un perfecto golpe a la pelota, mientras se dirige con potencia más allá del portero.

Conecta automáticamente

El hacerte preguntas puede actuar como una guía útil para la concepción de las imágenes que deseas. Pero no tienes que hacerlo. La mente humana tiene la capacidad de imaginar las cosas a su antojo. Hazlo ahora. Imagínate tu fútbol.

¿Lo ves? Fácil. Fácil porque cuando eras un bebé esta era tu principal forma de pensar. Es sólo cuando fuiste a la escuela que aprendiste a poner letras y palabras a las imágenes de las cosas en tu cabeza.

Pero por favor no te preocupes si las imágenes en tu mente se ven un poco borrosas. No a todo el mundo le resulta fácil ver sus imágenes y películas internas con una claridad real. Está bien - no importa. Al conseguir solo una imagen borrosa se seguirá ejercitando tu cerebro - iras encendiendo las áreas de tu cerebro que se relacionan con tu rendimiento en el fútbol.

Por supuesto, con el tiempo, paciencia y práctica, tus imágenes serán más claras. Solo sigue tratando de hacer que tus imágenes sean grandes, audaces y brillantes. Relájate, no fuerces las cosas y juega al fútbol en tu mente.

Capítulo 3

Hacer un hogar para tu imaginación

Una investigación psicológica reciente ha demostrado que los adolescentes que viven cerca de los lugares donde se vende alcohol son más propensos a participar en el consumo de alcohol. Las investigaciones también han demostrado que comer en exceso tiene tanto que ver con las cosas que nos rodean, como con el hambre misma. Por ejemplo, cuanto más grande es el plato - más vas a comer. Cuanto más grande sea la cuchara más postre vas a comer. Si tienes chocolates en el armario te los vas a comer.

Nuestro ambiente nos forma. No se limita a dar forma a nuestro comportamiento, sino también a nuestro pensamiento. Los mejores clubes de fútbol del mundo tienen excelentes instalaciones, no sólo porque saben que los jugadores necesitan equipo correcto para entrenar y estar preparados física y técnicamente. Ellos creen que si los jugadores *piensan* que son el equipo más preparado entonces su confianza en sí mismo crecerá.

Mi reto para ti es crear un ambiente donde tu imaginación pueda prosperar.

Elige la ubicación o lugar donde te encuentres solo más a menudo. Puede ser que sea tu coche, tu dormitorio o un estudio. Puedes elegir un lugar específico, como un salón donde entres a menudo en la escuela o en el trabajo. Puede ser un lugar en un parque que visitas a menudo para relajarte. Quiero que hagas de este tu "hogar de tu imaginación". Cada vez que visites este lugar quiero que llenes tu mente con imágenes y películas de ti jugando lo mejor posible en los próximos partidos. Hazte las preguntas que pienses que son las más importantes para ti y deja que tu imaginación vuele libre.

Ve cómo deseas jugar antes de jugar ... luego confía en tu visión

Vende tu juego

Se te ofrece algo diariamente. En cada televisor, en cada calle, en cada cine y en todas las revistas. Diariamente estas siendo bombardeado con mensajes de comerciantes que te dicen lo grande que es su producto. Ellos no se detendrán. Es implacable y lo seguirá siendo durante el resto de tu vida.

Mañana veras algunos anuncios en medios impresos o en la pantalla. Puede ser de la empresa Coca Cola que te dice cómo apagar la sed y lo divertido que es comprar sus bebidas. Puede ser McDonald's recordándote lo deliciosas que son sus hamburguesas y sus patatas fritas. O puede ser la compañía Mercedes transmitiéndote que seguro y suave es para sus clientes conducir sus vehículos. Ellos te estarán vendiendo y revendiendo nuevamente en la mañana y al día siguiente y el día después de este porque quieren permanecer alto en tu mapa mental del mundo. Ellos saben que si dejan de mostrarte sus bienes, y lo buenos que son, no les harás caso, buscarás en otra parte para conseguir productos similares.

La concentración en tu modo de pensar y el contenido de tu imagen de fútbol es el mismo. Necesitas venderte a ti mismo. Necesitas dirigir tu imagen de fútbol no sólo hacia lo que haces bien (tu memoria), sino también hacia lo que va a ir bien. Construir un anuncio de tu futuro éxito. Y en el, muestra tu imagen de fútbol exactamente cómo la intentas jugar. Haz el anuncio grande, directo y brillante. Sé un gran vendedor. Demuestra tu habilidad y confianza con el balón. Demuestra tu dominio en el movimiento: cómo encuentras huecos y te mueves hacia ellos, y cómo haces carreras para que tus compañeros te detecten.

Los anuncios son memorables. Haz que el tuyo sea inolvidable.

Usa tu biblia del fútbol

Tu Biblia de fútbol es un lugar ideal para almacenar todas las preguntas que tengas que te ayuden a abrir las imágenes y películas positivas. Tómate tiempo para escribirlas. Tienes que ser capaz de leerlas todos los días

Tu imaginación es una pieza poderosa de software que la computadora de tu cerebro usa todo el tiempo. Te recomiendo que lo uses sabiamente. Condiciónate a ti mismo para que disfrutes contemplando cómo quieres jugar en lugar de como no quieres jugar. Tu cerebro es muy bueno para dirigirte hacia lo negativo, así que se proactivo con tu forma de pensar. Hazte preguntas grandes y te prometo que te ofrecerá las mejores fotos de ti.

Toma el control de tu memoria y la imaginación va a venir a completar el trabajo técnico y físico que le estás dedicando a tu juego, al ayudarte a montar una

Capítulo 3

positiva imagen de tu fútbol. Al comenzar (¡y apegarte!) a estas técnicas mentales te estas comprometiendo a tener un régimen de confianza. Los partidos de fútbol vienen uno detrás de otro, así que sigue creyendo en ti mismo. Sigue recordando tus mejores partidos y permanece comprometido a imaginarte jugando como deseas jugar. Ahora vamos a tomar otros pasos para controlar los pensamientos y sentimientos relacionados con tu fútbol. Vamos a jugar el juego de la percepción.

4
La mentalidad de Messi

Se le ofreció su sueño en una servilleta de papel.

Fue Carles Rexach, el director deportivo del Barcelona, el que garabateó su futuro en la servilleta y se la entregó. Ese primer intercambio fue lo que cambió el curso de la historia del club catalán y la del niño de 11 años de edad que fue el beneficiario de aquel improvisado contrato.

Esta historia tan contada anunció la llegada del chico de Rosario, Argentina, al fútbol español. En el mundialmente famoso club catalán iba a perfeccionar las habilidades que habían brillado mientras jugaba en su país natal.

Lionel Messi había mostrado un talento increíble mientras competía en el equipo de su ciudad y luego en el Old Newell's, un club profesional de Rosario. A menudo se regateaba a 3, 4 y 5 jugadores antes de pasar el balón o le hicieran una entrada. Su control del balón, el equilibrio y la coordinación eran algo digno de contemplar y se ha mostrado en todo el mundo en documentales sobre su vida.

Su talento es innegable, pero también lo es la capacidad de muchos futbolistas jóvenes cuando comienzan su viaje al estrellato. No todos se convierten en estrellas y no todos llegan a ser tan buenos como Lionel Messi - el hombre que ha tomado la corona de Diego Maradona como el jugador de fútbol más grande del mundo en una generación. Muchos desaparecen en las sombras del fútbol. A mi modo de ver, Messi es Messi porque tiene más atributos de campeón que los demás. Los componentes básicos que conforman sus actuaciones son superiores y más fuertes. Algunos de estos componentes se relacionan con su mentalidad: su

Capítulo 4

actitud mental hacia el fútbol y hacia su vida.

"Algo en lo profundo de mi carácter me permite recibir los golpes y seguir adelante tratando de ganar."

Aquí el habla de cuando le entran, sin quejarse, se levanta, mantiene la confianza y sigue adelante con el juego, con la misma voluntad de ganar que antes. Es sin duda un reflejo positivo en la dureza de su rendimiento. Pero creo que esta cita da más que nada una idea de su mentalidad en general y una pista de lo que le ha convertido en el jugador que es hoy.

A mi juicio, es *la percepción* que Lionel Messi tiene de cada situación lo que ha tenido tanto impacto en su estatus en el mundo del fútbol como su talento innato. ¡Cuando le añades una mentalidad positiva al trabajo duro y al talento - tienes un cóctel de fútbol preparado para el éxito!

Un jugador de fútbol debe ignorar a cualquiera que diga que él no puede

Nada es imposible

"Cuando yo tenía 11 años tenía un problema con la hormona del crecimiento. Pero al ser más pequeño era más ágil. Y aprendí a jugar con la pelota en el suelo porque es allí donde me sentía más cómodo. Ahora me doy cuenta que a veces las cosas malas tienen resultados positivos."

Messi dijo esto en los legendarios anuncios de Adidas 'nada es Imposible' y esto nos revela su forma de pensar.

De niño fue apodado "La Pulga" debido a su altura. Pero parece que a Messi le importaba poco su estatura y se sacudió cualquier sugerencia de que su tamaño le iba a impedir jugar como profesional en el futuro. Su percepción de la situación era útil, positiva y sobre todo confiada.

Messi se negó a que su físico lo perjudicara. De hecho, lo utilizó de ventaja. *"Soy más ágil"*, dijo. *"Yo puedo aprender a jugar con el balón en el suelo mejor que cualquier otro."* Creo que, a pesar del hecho de que era más pequeño, se sentía más alto que sus compañeros de equipo. Puede que físicamente pareciera que el miraba a todos hacia arriba, pero prefirió mirar mentalmente hacia abajo a su oposición. Él se preocupó muy poco por la forma de su cuerpo. Él sólo pensaba en su fútbol, su capacidad, y cómo quería jugar.

Un futbolista nunca debe permitirse a sí mismo tener temor de otro jugador. Respeto sí, ¡pero no temor!

La situación es la situación

La tercera forma de pensar que impulsa tu imagen del fútbol es tu percepción: la manera como ves cada situación que se te da. Esta es una forma de pensar que también se podría describir como tu actitud. Cómo reaccionas y respondes a los eventos a medida que estos ocurren.

Esencialmente, tú ves las cosas de dos maneras: positiva o negativamente. Yo sé que la idea de 'positividad' causa miedo en el corazón de algunas personas, si eres de esas personas - utiliza otras palabras alternativas si quieres. Puedes usar palabras como útil o inútil, constructiva o destructiva, optimista o pesimista en lugar de positivo o negativo.

Sea cual sea la palabra que se adapte a tu preferencia espero que estés de acuerdo en que tu reacción y respuestas a las cosas son importantes. Si, después de haber sido dado de baja de tu equipo, reaccionas y respondes negativamente, inútilmente, destructivamente o de manera pesimista, esto dañará la gran imagen de fútbol que estás desarrollando. Una percepción negativa te dará imágenes de fútbol donde no puedes, eres incapaz y te sientes impotente. Si dejas que te metan un gol fácil y respondes a esto de manera negativa e inútil *("No puedo creer que deje pasar ese balón, soy un portero malísimo")*, entonces tu imagen de fútbol te va a estar recordando esto siempre y enviándote imágenes tuyas como un portero terrible. Vas a dañar la confianza que tienes en ti mismo como portero, y también disminuirás tu confianza para parar y despejar tiros el día del partido.

Capítulo 4

Por el contrario, las respuestas y reacciones positivas mantienen fuertes las imágenes de fútbol. Ellas construyen tu convicción y aumentan tu confianza para tu próxima fecha. Creo que estamos de acuerdo en que Lionel Messi percibe las cosas de una manera útil y positiva. El no permitió que sus problemas con la hormona del crecimiento se interpusieran en el camino para su desarrollo futbolístico. De hecho, el utilizo su altura a su favor. Este enfoque le ayudó a alimentar su imagen de fútbol - la idea de que 'él puede' y 'él podrá' pase lo que pase.

Quiero que entiendas que la percepción es *una elección*. Que tu situación es tu situación y es la manera como eliges reaccionar y responder a las circunstancias lo que cuenta.

Si has pasado todo el partido fallando goles cantados y oportunidades fáciles - tú eliges la percepción que quieres tomar en el autobús del equipo de regreso a casa. Puedes elegir el tener pensamientos inútiles sobre tu juego *"¿Cómo pude haber perdido tantas oportunidades? Hice el ridículo delante de todo el mundo."* O puedes optar por pensar de una manera útil *"No fue mi mejor día de cara al gol pero le sucede hasta a los mejores delanteros. Tengo que practicar más en mis entrenamientos y ser más positivo con mis disparos en el próximo partido."*

Un campeón es brillante *viendo* los acontecimientos que le ocurren de la manera más útil y positiva posible. Él omite la palabra "problema" de su diccionario y hace hincapié en la palabra "desafío" diariamente. La manera en como ves los retos a los que te enfrentas tanto dentro como fuera del campo de fútbol le da forma a tu imagen del fútbol y por lo tanto refuerzan la confianza en ti mismo y tus niveles de seguridad. Tienes que tomar el control de tu percepción.

La convicción se desarrolla a partir del trabajo duro, trabajo de calidad, visualizando y pensando

El desafío de Neville

Las percepciones positivas del ex futbolista Inglés Gary Neville le ayudaron a impulsar su estatus de leyenda en uno de los clubes más importantes del mundo.

Un hombre que admitía abiertamente tener un talento normal - Neville creció jugando en la cantera del Manchester United entre algunos de los mejores jugadores ingleses de hoy en día. Jugó junto a un joven David Beckham, un juvenil Paul Scholes y a un imberbe Ryan Giggs. Estos tres jugadores definirían a uno de los equipos más exitosos que ha visto Europa. Pero Gary jugó en ese equipo. Él no se calificó gracias a un don dado por Dios, sino gracias al trabajo duro y su gran ideología, a través de una percepción positiva e implacable de su situación.

Como un joven defensa en la Academia el miró a su alrededor y vio talento bueno de verdad. Él tenía una opción - podía elegir hacer hincapié en esto como algo negativo o considerarla como una situación positiva. Podía optar por ver esto como imposible para avanzar entre este grupo que formaban los mejores de su generación, o podía ver la situación llena de posibilidades. Optó por esta última.

El optó por pensar en lo afortunado que era de poder competir contra algunos de los mejores jugadores jóvenes del planeta. Optó por pensar en lo bueno que podría llegar a ser si trabajaba más duro que ellos. Optó por imaginarse el emocionante futuro que tendría si los utilizaba para aprender acerca de su papel como defensa más rápidamente que otros jugadores que jugaban en la misma posición. Eligió ver la situación de manera positiva y valió la pena. Nunca se lamentó ni se quejó; él no se dio por vencido.

¿Neville siempre brilló en la cantera del Manchester United? ¡Por supuesto que no! Puedes estar seguro de que a veces los pases de Scholes y Beckham sorprendieron a Neville. Pero él sabía que con entrenamiento aprendería a leer sus pases y con práctica él adoptaría una mejor posición para interceptar o despejar sus balones. Del mismo modo, estoy seguro de que si hubieras tenido la fortuna de ver a los jugadores de la cantera del United entrenando a principios de los 90 habrías visto a Ryan Giggs hacer un regate o dos y dejar atrás a Neville por el lado izquierdo del centro del campo. Pero confío en que Neville, con su paciencia, persistencia y percepción positiva aprendió lentamente a lidiar con los extremos con desmarque. No dejó que le entrara el pánico. Con cada uno contra uno con Giggs fue capaz de estudiar su lenguaje corporal, los sutiles movimientos de su cuerpo que le ayudaban a Giggs a amagar y girarse para pasar a los otros jugadores. Neville pronto aprendió que posición corporal adoptar, a dónde mirar, cuándo frenar y cuándo entrar. Con una percepción positiva sus niveles de habilidad se desarrollaron.

Neville cultivó una imagen fuerte de fútbol porque rebosó su mente con imágenes positivas y películas aliadas con el eterno deseo de trabajar más duro que sus compañeros de equipo. Su imagen de fútbol prosperó y fue capaz de ofrecer una

Capítulo 4

respuesta contundente cuando el público decía que él no era lo suficientemente bueno para jugar por Inglaterra. Ya que él había pasado sus años de formación nutriendo su imagen de fútbol con un "yo puedo" y una actitud de "yo podré", su imagen de fútbol le devolvió el cumplido alimentándolo con un modo de pensar de 'nunca me rendiré ' cuando todos alrededor suya le decían que él no podía. Pero él podía, ¡y pudo! Se convirtió en el capitán del Manchester United durante 5 años y el lateral derecho de Inglaterra con más partidos jugados.

No es una coincidencia que con individuos de mentalidad tan tenaz en su equipo, el Manchester United fuera sin duda el mejor club de Europa (tal vez del mundo) a finales de la década de 1990 y en la década del 2000. Gary Neville fue un ejemplo destacado, pero no fue el único jugador mentalmente en forma en ese equipo. Deja que te lleve una década atrás y te cuente la historia de David Beckham.

Nadie tiene pensamientos puramente positivos. Un jugador de fútbol tiene que aprender a ser consciente de sus pensamientos negativos y luego ser capaz de dejarlos ir

David Beckham

La respiración le ayudó a mantener la compostura. Pero sus ojos lo dijeron todo. Eran una ventana a la presión a la que se enfrentaba en ese preciso momento de su vida. El peso de una nación descansaba en sus hombros o para ser más exactos, en la curvatura de la trayectoria del balón.

Esta vez tenía que hacerlo bien. Si lo hacía, todo estaría perdonado después de esa malvada noche hacía ya casi 4 años. El equipo de Inglaterra jugaba contra Grecia y sólo necesitaba un empate para clasificarse para la Copa del Mundo de 2002. Con 89 minutos en el reloj estaban perdiendo 2-1. David Beckham se paró 10 metros detrás del balón y se alineó para chutar una falta directa que podría enviar a su país a la Copa del Mundo y reconstruir su reputación con los seguidores ingleses. Empezó la carrera...

David Beckham fue despreciado durante varios años en Inglaterra a causa de una imprudencia momentánea en el fragor de la batalla. En 1998 durante el partido de

La mentalidad de Messi

la Copa Mundial de Inglaterra contra Argentina, Beckham pateó a Diego Simeone y fue expulsado. Inglaterra perdió contra a sus rivales sudamericanos, lo que llevo a muchos a culpar a Beckham por su momento de locura. Los siguientes años condujeron cantos obscenos desde las gradas, amenazas de muerte y constantes noticias negativas de la prensa.

"Vas a pasar por momentos difíciles, de lo que se trata es de saber pasarlos."

No hay brillantez en las palabras de Beckham, pero van perfectamente en línea con la filosofía que yo creo es tan importante y a la que se deben de adherir todos los jugadores de fútbol. ¿Era fácil para Beckham pisar un campo de fútbol delante de 30.000 aficionados cada semana coreando su nombre de una manera despectiva? ¡No! ¿Era fácil para Beckham sentirse cómodo con la camiseta de la selección de Inglaterra? ¡No! ¿Era fácil para la carrera de Beckham venirse abajo? ¡Sí! Pero no fue así. Su percepción sobre su carrera ha sido ejemplar:

"Voy a cometer errores, pero voy a seguir entrenando."

"Voy a tener partidos malos, pero voy a seguir tratando de hacer partidos buenos."

"No puedo controlar lo que otros piensan de mí, pero puedo trabajar duro y ser la mejor persona que pueda ser."

David Beckham es famoso por sus libres directos, pero estoy seguro de que un estadista puede demostrar que ha fallado más de los que ha anotado. Falla más a menudo que los que marca. ¿Cuándo falla algunos en un partido, detiene su rutina diaria de práctica de faltas? Él se dice a sí mismo *"No puedo creer que haya fallado un par de tiros hoy. Me estoy volviendo muy malo. ¿Es hora de dejar que otro tire las faltas?"* O piensa *"Que decepción haber fallado algunos tiros el día de hoy. No es mi nivel normal. ¿Mejor voy a practicar mañana y marcar uno la próxima semana?"*

Beckham sabe que, según la ley de los promedios, él va a fallar a menudo. Él sabe que por ser humano va a cometer errores dentro y fuera del terreno de juego. Él sabe que no lo puede controlar todo. Desde luego, no puede controlar lo que la gente piensa de él. Esta figura icónica opta por percibir su partido de fútbol de la manera más eficaz posible.

David Beckham anotó el libre directo contra Grecia. Él me mandó a mí y a millones de aficionados ingleses al éxtasis. Recibió una ovación de pie en la sala de prensa (de los críticos más duros). Ganó el respaldo de la afición una vez más

Capítulo 4

y su percepción continua proporcionándole éxito.

 *La confianza y la actitud son cosas cotidianas. No pueden ser perfeccionadas ... pero pueden ser alimentadas*

'Estas cosas pasan' - El ultimo fabricante de la imagen del fútbol

Los porteros hacen cantadas, las defensas se distraen y dejan a un hombre sin marcar, los centrocampistas fallan pases y los delanteros pierden oportunidades gloriosas para ganar en el último minuto. Si no se cometieran errores como estos – el fútbol sería un juego predecible y aburrido. *Y te va a pasar a ti*. Es probable que te quedes en el banquillo. Es probable que te salga un entrenamiento desastroso y que seas el hazmerreír de tus compañeros de equipo y el cuerpo técnico. Es probable que te caigas de bruces y te avergüences de ti mismo. No te sorprendas si tienes una mala racha. Podría ser esta temporada en la que se pierdan unos cuantos partidos y es posible que te echen la culpa de algunas de esas pérdidas.

No estoy siendo negativo. Así es como funciona este deporte: con inconsistencia, con picos y valles, con altos y bajos. Como respuesta quiero que adoptes la mentalidad de "el fútbol es así".

La filosofía de "el fútbol es así" se relaciona con la aceptación de que hay cosas que nos ocurren que no son particularmente agradables, o en nuestro mejor interés, pero aun así suceden. Cuando adoptes este enfoque vas a relajar tu reacción inmediata a los acontecimientos a medida que se desarrollen. Vas a ver la situación con mayor claridad y mantendrás tus sentimientos bajo control para poder evaluar los asuntos de forma racional.

Una reacción tensa y ansiosa estará acompañada por pensamientos negativos que a su vez sólo servirán para montar una imagen negativa de fútbol. Tener una mentalidad dedicada a la aceptación de que "estas cosas pasan" calmará tu respuesta y te dará la oportunidad de percibir las cosas de una manera más útil, positiva y constructiva.

"Perdí algunas grandes oportunidades el día de hoy pero estas cosas pasan. Sé que voy a aprovechar esas oportunidades la próxima semana."

"Algunos de mis pases se fueron muy desviados hoy y me decepciona que el entrenador me haya echado la bronca. Pero estas cosas pasan y tengo que seguir trabajando para estar más consciente de donde se encuentran mis compañeros de equipo."

"No puedo creer que me hayan puesto de suplente. Yo no creo que es justo dado lo bien que he jugado últimamente. Bueno estas cosas pasan y ahora me toca a mí a trabajar más duro para ganarme el puesto de nuevo."

La resistencia emocional es la siguiente frontera en el desarrollo de los jugadores de fútbol

¿Me he divertido?

Cada vez que hago una presentación a los padres de los futbolistas, que juegan en las academias o en equipos juveniles, mi primer mensaje se refiere a lo que le deben decir a sus jóvenes jugadores de fútbol después de cada sesión de entrenamiento o partido.

Muy a menudo y con la mejor intención, padres ofrecen consejos aun cuando no saben cómo entrenar fútbol, o dan ánimos. Ser positivo como padre es por supuesto bienvenido y con frecuencia es el enfoque correcto a tomar después de que un joven jugador haya tenido un mal partido o entreno. Pero mi presentación a los padres les da algunas alternativas y quiero compartir con vosotros la pregunta más poderosa que pueden hacerle a su hijo; una pregunta que te puedes hacer a ti mismo después de una sesión de entrenamiento. Esta idea es algo que puedes utilizar para ayudar a tu percepción de juego o sesión de entrenamiento de una manera positiva, mientras mantienes el enfoque en el aprendizaje y la mejora de tu juego. Aquí tenéis, sencillamente la principal pregunta que debéis haceros después de una sesión de entrenamiento:

"¿Me he divertido?"

Capítulo 4

Espero no sonar demasiado como un psicólogo diciendo que la diversión es un precursor de la excelencia, el éxito, el aprendizaje y la percepción positiva. Hay muy pocos atletas en este planeta que no se divierten mientras están en el proceso de convertirse en campeones. Si quieres un atajo para convertirte en el mejor futbolista – diviértete. Trata de divertirte en cada entrenamiento y en cada partido.

La diversión trae consigo la libertad, la expresión y la seguridad; habilidades claves para ayudarte a aprender, a desarrollarte y a jugar mejor con más regularidad. Divertirte significa que el cometer errores es molesto, pero tiene solución - no son temores permanentes que te impedirán progresar en tu juego. Divertirte significa mirar a tus experiencias en los entrenos y partidos de manera positiva, aun cuando otros insistan en recordar las cosas que salieron mal. Y divertirse significa obtener el máximo provecho de tu tiempo con tus compañeros de equipo. Esto significa que no hay culpa y no hay excusas.

Si deseas mantener una imagen positiva mientras aprendes más rápido y juegas a un nivel más alto con consistencia - esfuérzate por divertirte en el campo. ¡Disfrútalo!

Habla en lugar de escucharte a ti mismo

No recuerdo donde escuché por primera vez esta frase 'deja de escucharte a ti mismo, empieza a hablarte a ti mismo', y es verdad. Vaya que lo es. Como se ha señalado antes, nuestro cerebro tiende a ofrecer una gran cantidad de pensamientos negativos a nuestra conciencia. Y tendemos a escucharlos.

"No hay manera de que podamos vencer a este equipo, son los mejores de la liga."

"No creo tener posibilidades de marcar hoy contra esos centrales enormes."

"Tuve una pesadilla la semana pasada. No me siento nada seguro."

Tendemos a escuchar estas percepciones destructivas e inútiles. Y tendemos a dejar que dominen nuestros sentimientos. Dejamos que estas percepciones nos derriben haciendo que nos sintamos preocupados y llenos de dudas y ansiedad.

Los campeones son campeones porque eligen hacer caso omiso de estas chorradas que se le ocurren al cerebro. De hecho, ahogan su diálogo interno negativo. Dejan de escucharse a sí mismos y constantemente se hablan a sí mismos.

"Si jugamos juntos tendremos una buena oportunidad para ganar. Ellos puede que estén por encima en la liga, pero nosotros ya hemos ganado partidos difíciles anteriormente."

"Los defensas centrales son grandes, pero si uso mis movimientos y mi ritmo se les puede superar. Sólo tengo que estar más alerta y al tanto de mis compañeros de equipo y tratar de encontrar espacios más a menudo."

"La semana pasada ya pasó. Cómo jugué no tiene nada que ver con este partido que viene. A entrenar a tope esta noche y a jugar a tope el sábado."

No hay magia o secreto para esto. Es muy simple. Sólo hay que ver la situación un poco diferente, usa una voz diferente y date tiempo para evocar imágenes y películas positivas para mantener una gran imagen de fútbol. Te sentirás bien. Te darás la mejor oportunidad de actuar al máximo el día del partido.

Si un jugador hace de su mente su mayor fuerza, su mejor amigo... entonces la consistencia en su rendimiento estará con el ... siempre

Se tu propio fan número uno

¿Alguna vez te has puesto a revisar lo que te dices a ti mismo durante un día normal? ¿Alguna vez has prestado atención a esa pequeña voz dentro de tu cabeza que te dirige a través de tu rutina diaria? Inténtalo un día, te sorprenderá lo que puedes escuchar.

Leí en alguna parte que el 66% de lo que nos decimos a nosotros mismos es negativo. No estoy seguro si esto es cierto, pero sin duda va en conformidad con la forma en que nuestro cerebro está diseñado (el "sesgo negativo" del que hable en el capítulo anterior). Lo que sí sé es que jamás se me ocurriría hablarle a la gente como me hablo a mí mismo. Si lo hiciera, ¡seguramente destruiría mi agenda social!

Capítulo 4

Escuchar a los aficionados al fútbol es escuchar a los extremos. Son apasionados de su tema pero la pasión conlleva exageración. Cuando están a favor de los jugadores estos son excepcionales, brillantes e increíbles. Ellos no pueden hacer nada mal. Ellos deberían ser los primeros en la alineación. Pero si están en contra, estos son terribles, malísimos y una vergüenza. No pueden hacer nada bien. Nunca deberían jugar y si el entrenador del equipo se atreve a ponerlos a jugar entonces él es el que no sabe lo que está haciendo.

Lo entiendo. Entiendo que en un deporte tan emocionante donde los partidos se ganan o se pierden en el porcentaje, los centímetros o los segundos, entonces los aficionados expresaran sus opiniones emocionales que cambiarán en función del resultado de su equipo o de las actuaciones individuales de los jugadores.

Creo que el punto de vista de un aficionado es similar a la voz interior que todos tenemos. Esto refleja los naturales altibajos de la vida. Podemos tener una gran mañana, pero una tarde horrible. Nos pueden decir lo maravillosos que somos en un instante y al siguiente somos malísimos. No hay consistencia en nuestro entorno por lo que es un verdadero desafío el pensar de forma coherente. Pero esto es lo que te estoy pidiendo que hagas. Quiero que mantengas una voz interior positiva sin importar lo que el ambiente está preparándote. Por supuesto que no estoy hablando de momentos en la vida, como el luto u otras circunstancias donde la gente sufre la desgracia de una tragedia personal. El fútbol nunca ha sido y nunca será lo mismo que la vida.

Yo creo que si un futbolista puede tener una voz interior que refleje los puntos de vista de su mayor fan entonces él va a mejorar su imagen de fútbol. Si no tienes un "fan número uno", entonces invéntate uno. Si has tenido una mala sesión de entrenamiento ¿qué te diría tu gran seguidor? Si has sufrido una caída, ¿cómo te levantaría? Si sientes que no has estado jugando al máximo de tu capacidad, ¿qué es lo que tú mayor fan te recordaría?

"Piensas que jugaste fatal hoy, pero no es así. Hiciste algunos pases buenísimos y cortaste varios ataques peligrosos."

"Recuerdas lo bien que jugaste la semana pasada. Todo el mundo dijo que fuiste el hombre del partido. Estuviste excepcional."

"No me importa lo que digan los demás - tu eres el mejor en este equipo. Si sigues trabajando duro vas a ser el jugador del año."

Esta es la voz de tu fan número uno - siempre viendo lo positivo incluso cuando hay un montón de cosas negativas que flotan a tu alrededor. Tu mayor fan te

La mentalidad de Messi

ayuda a percibir las cosas de la manera más positiva y útil. Si estas sumergido en un mundo de negatividad saca tu fan número uno interior. Deja que él o ella te absorban de nuevo en un mundo de "puedo hacerlo".

Mantenerlo real: aprender a dar la vuelta

Bastantes personas que me han dicho: *"Pero pienso en las cosas malas, porque tengo que ser realista. Tengo que aprender de ello. Si no he jugado bien, entonces ¿por qué me digo que he jugado bien? Eso no es cierto, no es un hecho."*

El problema con esta forma de pensar es que constantemente bombardeas tu imagen de fútbol con las cosas malas. Estas señalando el fracaso. Tu lista de errores se hará más y más grande. Al ser "realista" y recordar los errores que cometiste y las partes mediocres de tu actuación no te das la oportunidad de construir la convicción en ti mismo y la confianza. Y por ser "realista" supongo que la gente quiere decir el sentirte deprimido o renunciar al arte de pensar bien: *"Bueno, eso fue un partido terrible para mí y nadie me puede contradecir. Simplemente no fue lo suficientemente bueno."*

Ser realista es agradable, pero esa mentalidad no crea a un campeón. Un campeón suele ser un optimista empedernido

Tengo cierta simpatía por esta actitud. No quiero que mis clientes se conformen con ser los segundos o ser el promedio. Pero ganes o pierdas - tu juego raramente es evaluado por los hechos. Un delantero puede jugar un gran partido y no haber anotado goles. Un portero puede hacer un partidazo y aun así perder 5-0. Un mediocampista pudo haber tenido un porcentaje de pases finalizados del 98% y aun así haber jugado contra un equipo que tuvo 75% de posesión.

La convicción en ti mismo y la confianza requieren que seas un perceptor positivo de tu fútbol y esto significa que tienes que pensar provechosamente cada día, después de cada entrenamiento y después de cada partido... incluso cuando hayáis perdido 5-0 y les hayan dicho que fuisteis un desastre. Esa es la habilidad

Capítulo 4

en el proceso. Ahí es cuando realmente ayudo a mis clientes.

Este es el reto que les presento a mis clientes y el que yo quiero que te pongas a ti mismo - cuando pienses acerca de tu fútbol debes pasar al menos el 80% de tu tiempo pensando positivamente, cuáles son sus puntos fuertes, lo que hiciste bien y lo que funcionó. El 20% de las veces, hay que analizar lo que tienes que mejorar. Y entonces tendrás que darle vueltas a esa debilidad. Con 'darle la vuelta' a la debilidad me refiero a ver la debilidad en una luz positiva.

Déjame darte un ejemplo. Tómate un poco de tiempo para pensar en tu último partido. Decides que perdiste el balón demasiadas veces. Decides que tu debilidad son tus pases. Ahora dale la vuelta a la debilidad. Tienes que decirte a ti mismo: *"¡Muy bien, voy a trabajar a tope en mis pases! Voy a trabajar mucho para que se conviertan en un punto fuerte. ¡Qué emocionante es que mis pases se conviertan en mi mejor atributo!"*

Después de dejar que un delantero te regateara varias veces y esto condujera a varios goles - dale la vuelta a lo que sucedió: *"No fue mi mejor día, pero esto refleja lo mucho que tengo que trabajar en la lectura del movimiento del delantero. Si añado esto a mi juego mi defensa va a ser muy sólida. Tengo entrenamiento esta noche, voy a empezar a trabajar en ello entonces."*

Después de haber sido marcado todo el partido - le das la vuelta a lo que sucedió: *"Ese defensa central fue muy fuerte hoy. Esto demuestra lo mucho que tengo que aprender sobre el arte de atacar. Puedo conseguir goles, puedo conseguir otros 10 o más por temporada si le pongo más inteligencia a los desmarques que hago. También tengo que ser más ágil. Si mejoro en estos 2 puntos ese defensa central no tendrá ninguna oportunidad la próxima temporada."*

Después de haber sido relegado a la suplencia dale la vuelta a esta desilusión: *"Sólo tengo que trabajar más y mejor. No sé por qué me han dejado en el banquillo, así que voy a hablar con el cuerpo técnico. Será un buen momento para que puedan evaluar mi juego y llegar a algunas soluciones para que mejore."*

Un hecho interesante sobre los campeones de cualquier deporte es que se apoyan en sus puntos fuertes pero reconocen sus debilidades, lo que está funcionando y lo que tiene que mejorar. Y les encanta trabajar y mejorar en estas áreas de su juego. Son estudiantes de su deporte, en su propia mente sacando títulos de juego cada vez que salen al campo.

 *Por dentro debes creer que eres el mejor jugador de fútbol. Por fuera debes aprender de los demás cada día.*

Tiempo añadido

El pitido para el descanso está a punto de sonar. Los 3 últimos capítulos se han dedicado a ayudarte a pensar de una manera que alimente tu imagen y las películas de fútbol que te ayuden a erigir una fuerte confianza en ti mismo. Vamos a aprovechar el descanso para hacer un recuento.

El Descanso

El pitido ha indicado el descanso. Tiempo para refrescarse y una charla de equipo, o en nuestro caso - un resumen del concepto de confianza en ti mismo y los detalles de cómo edificarla. Las charlas de equipo son más eficaces si son breves y fáciles de entender así que vamos a mantenerla corta y muy simple.

Si deseas tener una gran confianza en tu rendimiento en cada partido tienes que tener una confianza en ti mismo fuerte y sólida.

Los campeones son campeones porque tienen una gran confianza en sí mismos. Son los mejores en esta cualidad mental porque no sólo son magníficos ejemplares física y técnicamente, sino también grandes pensadores. Su pensamiento superior les ayuda a construir una fuerte imagen de sí mismos específica a su deporte. Así, Sir Chris Hoy (tres veces campeón olímpico) tiene una fuerte imagen de ciclismo. Kobe Bryant tiene una fuerte imagen de baloncesto. Roger Federer tiene una fuerte imagen de tenis. Quiero que construyas, desarrolles y mantengas una fuerte imagen de fútbol - Cómo te ves a ti mismo como jugador de fútbol.

El Descanso

Tu imagen de fútbol (y posteriormente, la confianza en ti mismo) está influenciada por tres maneras de pensar:

- Memoria
- Imaginación
- Percepción

Memoria

Para empezar, los campeones son particularmente hábiles para recordar los buenos tiempos - las veces que jugaron a su máximo. Al cerebro le encanta acordarse de los momentos en los que has fallado (recuerda, te está advirtiendo para no jugar así de nuevo, pero al hacerlo propaga imágenes de los momentos malos de tu juego en tu mente). Los campeones son geniales en atraer el foco de atención hacia ellos en los partidos y en las sesiones de entrenamiento ganándose los elogios del cuerpo técnico y los demás compañeros de equipo.

¿Qué estas recordando de tu fútbol - el de la semana pasada, el mes pasado y el de la temporada pasada? ¿Qué estás recordando de tu juego en tus sesiones de entrenamiento y los partidos? ¿Qué comentarios recuerdas y qué jugadas pones en el primer plano de tu mente?

Trabajo mucho con mis clientes para ayudarles a dirigir su pensamiento y que recuerden sus mejores partidos y sus mejores momentos. Simplemente con escribir en una hoja de papel (o con suerte en tu biblia del fútbol) tus tres mejores partidos en detalle y leyendo estas palabras todos los días, alimentarás las imágenes y películas interiores positivas en tu imagen de fútbol.

Esto no quiere decir que quiero que ignores tus debilidades. La excelencia requiere que le des una buena repaso a lo que no haces lo suficientemente bien en la cancha. Pero quiero que pongas estas debilidades en perspectiva. Quiero que te entusiasme mejorarlas y que te emocione que mientras trabajas duro en ellas, esto sumará dimensiones extra a tu juego.

Imaginación

Los campeones son campeones porque se imaginan el éxito. Ellos usan su imaginación para dar forma a su futuro - a corto y largo plazo.

Los grandes futbolistas se toman tiempo cada día para imaginarse cómo quieren jugar en su próximo partido en lugar de imaginarse cómo no quieren hacerlo. Son expertos en ignorar la predicción de fracaso que al cerebro le encanta instalar y abren un catálogo de imágenes positivas al ser pensadores proactivos.

¿Te imaginas el éxito en tu próximo partido y en la próxima temporada? ¿Estás pensando de forma proactiva haciéndote preguntas positivas? Hacerte una pregunta optimista como *"¿Cómo se vería si en mi próximo partido soy yo el que domina el terreno de juego?"* guiará tu mente para reproducir clips tuyos en plena forma e inyectará confianza a tu imagen de fútbol.

Si quieres sentirte con confianza de cara a tu próximo partido - permite que tu imaginación se asiente sobre los goles que deseas anotar, los pases que quieres ejecutar, las paradas que esperas hacer, o la portería a cero que quieres dejar. Cuando te imagines el partido de tus sueños utiliza todos tus sentidos tan intensamente como sea posible – siente los movimientos de tu cuerpo que se involucran en las secuencias de acción que imaginas. No tienes que ser realista con tus imágenes – pon a prueba tu imaginación. Ve y siente lo improbable, lo extraordinario, y lo imposible. Esto se sumará a tu imagen de fútbol y tus sentimientos de confianza.

Percepción

¿Vas a tener una imagen de fútbol brillante si reaccionas a una sesión de entrenamiento mediocre de una manera temperamental? Si te ves a ti mismo como un delantero terrible después de un partido sin goles, ¿vas a enviar ondas de convicción a través de tu cuerpo? ¿Continúas dirigiendo tu imagen de fútbol con eficacia si discutes con tu entrenador después de ser sustituido?

Tu imagen de fútbol también está impulsada por tu percepción – cómo ves cada situación que se te presenta.

La manera en la cual reaccionas y respondes a todo lo que sucede en tu fútbol dentro y fuera del terreno de juego no es sólo una habilidad vital fundamental,

El Descanso

sino también es un determinante fundamental de tu imagen de fútbol. Percibe las cosas de manera negativa y dañarás tu imagen del fútbol. Encuentra la manera de ver las cosas de una manera positiva y útil y así seguirás desarrollando una imagen de fútbol de clase mundial.

El pensar es una opción, da igual como respondas, positivamente o negativamente, amablemente o inútilmente – el pensar está bajo tu control en todo momento. No siempre es fácil responder de la forma más adecuada, una que refuerce positivamente tu imagen de fútbol, pero hacerlo es sin duda vital.

Reacciona y responde de una manera negativa y jugarás fútbol en un mundo de emociones inútiles, poca concentración, menos motivación y confianza reducida.

Al igual que todos mis clientes quiero que te conviertas en un experto en reaccionar y responder de manera positiva, constructiva y provechosa a cada situación que se te presenta. ¿El árbitro tomó una mala decisión y tu gol se anuló? No pasa nada, las decisiones se equilibran al final. ¿Tuviste un partido espantoso y puede que te quedes en el banquillo? No pasa nada, es el momento de trabajar más duro y hacer frente a tus debilidades. ¿El contrario es el más fuerte de la liga? Excelente, ahora tienes la oportunidad para brillar en un partido complicado.

¿Te descubres hablándote negativamente a ti mismo? ¿Piensas que todo es injusto y en contra tuya? Detente. ¡Haz lo que Lionel Messi y David Beckham hicieron! Echaron un vistazo a sus situaciones difíciles e hicieron que esas circunstancias trabajaran a su favor. Continuaron enriqueciendo su imagen de fútbol pensando en esas circunstancias de manera efectiva.

El Segundo Tiempo

Es hora de volver al campo y mostrarles de que estamos hechos.

Tienes técnicas y filosofías de pensamiento que ayudan a construir tu imagen de fútbol y, posteriormente, tu autoestima. Ahora es el momento de explorar maneras de jugar con confianza y concentración, para entrenar con eficacia, y para construir una mentalidad en crecimiento. Mantén una mente abierta y sigue adelante.

5
Cómo Richard desarrolló su concentración

Fueron las palabras en la bandera azul las que le dieron una inyección de confianza, incluso un gran golpe de convicción.

Las vio cuando recuperaba la posición, mientras se aseguraba de que los delanteros no atravesaran la línea de defensa. Las tres palabras blasonadas en la bandera decían "Confiamos en Keogh", un mensaje que lo decía todo acerca del defensa. Fue sostenido en alto por los seguidores de su equipo - Carlisle United - reforzando la opinión pública del momento en que éste era un defensa que llegaría lejos.

Él era un sólido defensa tradicional - demasiado bueno para la liga que estaba jugando. Era muy bueno por arriba, difícil de superar en el uno contra uno y poseía una profunda inteligencia posicional que dificultaba rebasarlo para los contrarios.

No pasó mucho tiempo para que los grandes clubes llamaran a su puerta y un año después de haber absorbido los mensajes positivos que le enviaban desde las gradas en Carlisle ganó una transferencia al equipo de Championship Inglés Coventry City.

La vida a veces nos sonríe, y me sonrió a mi cuando recibí una llamada de mi amigo Cos Toffis. Cos, que es el agente de Richard, me explicó que Richard era

Capítulo 5

un apasionado sobre el desarrollo de su juego y que le encantaría tener la oportunidad de conocernos y así discutir los detalles del rendimiento mental. Yo aproveché la oportunidad. Esa llamada telefónica me permitió entrar en la vida futbolística de Richard John Keogh.

El fútbol de Richard Keogh

Como consultor de psicología del fútbol paso la mayor parte de mi vida solucionando problemas. Como cabe esperar, raramente me llaman porque un futbolista ha anotado un hat-trick o acaba de debutar con la selección nacional. Mi presencia es requerida normalmente cuando falla o falta algo en el juego de un jugador y el entrenador o el propio jugador han decidido que es en su mentalidad dónde reside el problema.

Con Richard, sin embargo, las cosas eran un poco diferentes. Durante nuestra primera reunión pronto fue evidente que el pertenecía a la rara especie de jugadores de fútbol que quería verme porque quería explorar formas para mejorar: ser tan bueno como se pueda. En lugar de pedir algo específico que arreglar, simplemente quería desarrollar nuevas filosofías de juego y técnicas que le pudieran ayudar a maximizar su carrera. Tenía ganas de jugar en la Premier League y quería ganar partidos internacionales para Irlanda. Simplemente quería mejorar.

Después de una breve discusión acerca de sus cualidades y debilidades nos pusimos de acuerdo en que el principal desafío para Richard era mejorar su concentración en los partidos. Acordamos que esto le daría la oportunidad de ofrecer un juego con mayor consistencia. Faltas de concentración le han llevado a cometer algunos errores la temporada anterior, errores que impedían llamar la atención de clubes más grandes. Estuvimos de acuerdo en que la concentración y el enfoque era un musculo de su mente que necesitaba desarrollar. Estaba hambriento de éxito, así que se puso a trabajar de inmediato.

La concentración en el fútbol es vital. Un jugador puede ser inmensamente talentoso, tener una gran técnica y sin embargo, su carrera puede fallar debido a una concentración mediocre.

La habilidad prima

Recuerdo la primera reunión que tuve con un entrenador de fútbol. Él me dijo que si ayudaba a sus jugadores a mejorar su enfoque que me usaría como su consultor de psicología de fútbol para el resto de su vida laboral. Puso la habilidad de concentrarse en la competición en un pedestal y me explicó que los pequeños errores cometidos por los futbolistas a menudo se derivan de la falta de concentración - de la desconexión - durante unos cuantos segundos vitales.

Habiendo trabajado en el fútbol desde hace muchos años, no pude estar más de acuerdo con este entrenador. La concentración en el rendimiento en el fútbol es vital – más o menos como la importancia que tiene el volante para el coche. Puedes tener la convicción en ti mismo y la confianza (el motor del coche) pero sin la necesaria atención y concentración en el terreno de juego (el volante) – tu fútbol será errático e inconsistente. Un jugador puede ser inmensamente talentoso, tener gran técnica y sin embargo, su carrera puede fallar debido a una concentración mediocre.

Pierde la concentración y perderás tu juego técnico y la ejecución táctica. El desconectarse conduce a errores, a la indecisión, a una falta de percepción y una anticipación lenta. Deja de pensar en el juego por un segundo y podrás causar una serie de problemas para ti y el resto del equipo. El desconectarte como defensa dejaría pasar al delantero frente a ti y ceder una ocasión al contrario. Un mediocampista distraído no verá los desmarques de sus compañeros de equipo o el movimiento de la oposición. Un atacante desconcentrado no podrá encontrar el espacio ni desmarcarse. ¡Los goles serán escasos!

El jugador de fútbol que tiende a ceder a la distracción no puede responder adecuadamente a las exigencias del juego. Desde mi punto de vista, se conceden más goles debido a fallos en la concentración que por cualquier otra razón. Y más partidos se pierden debido a que los jugadores se desconectan durante una fracción de segundo en vez de por errores técnicos o tácticos. Perder la concentración significa la incapacidad de aprovechar las oportunidades. Permite a la oposición obtener el balón primero. Provoca faltas innecesarias y tiros de esquina gratuitos.

El jugador de fútbol que tiende a desconectar no puede responder adecuadamente a las demandas del juego. Él va a pensar despacio y reaccionar lentamente

Capítulo 5

El secreto de la concentración

En el fútbol, no se trata de tener *más* concentración. No se trata de entrar en un estado de trance profundo. En el fútbol todo es acerca de *dónde colocar tu enfoque*.

Este fue mi primer mensaje a Richard. Quería que comprendiera la buena noticia de que los mejores jugadores de fútbol no tienen un enfoque Zen al que los simples mortales no pueden aspirar. Simplemente son hábiles en dirigir su atención a las cosas más apropiadas durante un partido. Estas son las cosas que les ayudan a ejecutar su técnica y el plan de juego táctico a lo máximo de su capacidad.

Cuando un jugador de fútbol se desconecta, en mi opinión, no se está apagando su enfoque. Simplemente lo está cambiando hacia las cosas erróneas. Así que un defensa puede centrarse en el balón demasiado en lugar de centrarse en el balón y el hombre que está marcando. Esto no es una falta de concentración es más bien un enfoque en la dirección equivocada. Igualmente, un portero podría centrarse en la multitud de jugadores en el área cuando viene una pelota cruzada mientras que el enfoque más útil sería en el propio balón. Un delantero puede centrarse en su marcador en lugar de en el espacio al que pueda moverse, mientras que un centrocampista puede centrarse en ver jugar el lado izquierdo del terreno de juego y perder el la noción de lo que el extremo derecho está haciendo.

No son sólo las cosas externas a ti, como el balón o la oposición, las que pueden destruir tu concentración en el rendimiento. Un futbolista puede estar demasiado centrado en su voz interior. Él puede estar hablando consigo mismo sobre el error que cometió hace 5 minutos o cuanto falta para que acabe el partido. Si él está enfocado internamente en alguno de estas tareas no se centrará en las que tiene que realizar en el partido.

Richard entendió lo que le estaba diciendo - que enfocarse en el rendimiento es el dirigir su foco de atención correctamente. Para darle una comprensión más profunda le pedí que completara un breve ejercicio que me gustaría que hicieras ahora.

El mito de la concentración es el concepto que más atención requiere. Es poner tu concentración en la dirección correcta lo que es un mediador crucial

Centrándose en lo que se puede controlar

¿Cuáles de las cosas de la siguiente lista puedes controlar? ¿Cuáles sólo puedes influenciar? ¿Y cuáles NO se puede controlar en absoluto? Así que para aclarar: eso es controlar, influenciar, y no se puede controlar.

- El tiempo
- El resultado
- El árbitro
- Tus pensamientos
- Un error que acabas de cometer
- El control del balón
- El estado del terreno de juego
- Marcar un gol
- El tiempo que falta para terminar
- Saltar alto
- Ganar un cabeceo
- Rendimiento
- El contrario

Al igual que todos mis clientes, Richard encontró algunos de estos muy fácil de clasificar, mientras que otros le hicieron pensar un poco. Estoy seguro de que tú encontraste lo mismo. Vamos a clasificarlos juntos, empezando en orden inverso con lo que no puedes controlar.

No se puede controlar

- El tiempo
- Un error cometido
- El estado del terreno de juego
- El tiempo que falta para terminar

Probablemente hay varios factores ahí que te sorprendieron. Los más obvios son el clima y el estado del terreno de juego. Es bastante evidente que no se pueden controlar esos aspectos. Y sin embargo, ¿cuántos jugadores de fútbol se centran en ellos? Muchas veces he caminado sobre un terreno de juego con el equipo antes de un partido y he escuchado a alguien decir: *"No puedo creer lo mal que esta el terreno de juego. ¿Cómo se va a poder jugar bien en esto?"* ¿Dónde crees

Capítulo 5

que va a estar la concentración de este futbolista durante el partido? ¿Crees que se va a distraer fácilmente?

Al igual que el estado del terreno de juego, he escuchado a futbolistas quejarse sobre el clima. La temporada pasada un jugador se me acercó el jueves y me dijo que esperaba que no lloviera durante el partido del sábado porque había decidido que era un mal jugador cuando jugaba con lluvia. Yo, por supuesto, le señalé que si quería una carrera en el fútbol profesional de Inglaterra lo más probable es que se tendría que acostumbrar a jugar bajo la lluvia (¡llueve mucho en Inglaterra!). Bromas aparte, ¿tú crees que la forma de pensar de este jugador le iba a ayudar de cara al partido? Su concentración para el rendimiento iba a ser inevitablemente perjudicado si lloviera - algo fuera de su control.

Esto conmovió a Richard de inmediato. El mencionó otro aspecto que puede afectar el enfoque en el rendimiento - estés jugando en casa o fuera. Mencionó que mientras que él era capaz de concentrarse, independientemente de donde jugara, el sentía que en equipos anteriores donde había jugado, sus compañeros de equipo se centraban demasiado en el lugar del partido. Un partido fuera de casa significaba "tratar de no perder". Jugaban a la defensiva. Jugaban para evitar errores - una actitud negativa como resultado de un enfoque del rendimiento inadecuado.

Influencia

- El resultado
- El árbitro
- Marcar un gol
- Ganar un cabeceo
- La oposición

Ganar, mantener la portería a cero, y el resultado son algunos ejemplos de enfoque del rendimiento que, a primera vista, parecen positivos y productivos. Un campeón debe tener una enorme voluntad de ganar, un portero debe odiar el conceder un gol y un delantero debe amar más que nada el poner el balón en el fondo de las mallas. No puedo discutir con esas filosofías de rendimiento y yo también anhelo la victoria al igual que todos los demás. Pero esto daña tu enfoque en el rendimiento. No puedes controlar el ganar y concentrarte en tener un resultado determinado, esto sólo funciona para distraerte de tus tareas en el partido. Centrarse en ganar puede ponerte nervioso: *"Yo no quiero perder"* puede convertirse en tu mantra. El resultado, y ganar, se lograrán cuando te centres en las cosas correctas.

Cómo Richard desarrolló su concentración

Si bien no puedes controlar el árbitro sin duda puedes influir en él. Pero enfocar tu mente en el árbitro llevará tu atención lejos de tu juego. Lo mismo se puede decir de la oposición. No puedes controlar el delantero adversario como defensor pero puedes influir en él (esperemos que para jugar mal). Del mismo modo se podría pensar que marcar un gol está completamente bajo tu control. No lo está. Entrar en un partido con la mente fijada en marcar puede dañar tu manera de pensar para el rendimiento. Si el tiempo se está acabando y aún no habéis anotado puede que os entre el pánico. Igualmente una mentalidad obsesionada con marcar puede ponerte nervioso y vacilante. Puede hacer que te preocupes y dudes de ti mismo.

Richard siempre se había acercado a un juego con el enfoque de no conceder, o para decirlo de manera más positiva, mantener la portería a cero. Pero a medida que hacíamos esta tarea se dio cuenta de que esto podría ser algo perjudicial para su enfoque. Mantener la portería a cero era algo que no podía controlar y en los juegos anteriores se había dejado decepcionar cuando su equipo había dejado anotar un gol, incluso cuando no tenía nada que ver con el gol. Se dio cuenta de su enfoque en el desempeño debe de estar mejor dirigido.

Jugando sin preocuparte por los resultados es preferible a preocuparse demasiado

Control

- Tus pensamientos
- El control del balón
- Saltar alto
- Rendimiento

Así que aquí están las cosas de la lista original que puedes controlar. Y estos son los objetivos perfectos en los que enfocarse.

Le pregunté a Richard si podía controlar sus pensamientos. Estuvo de acuerdo en que podría. Le pregunté si podría controlar lo que se decía a sí mismo en la cancha y si podría controlar la forma en la que reacciona y responde a los

Capítulo 5

acontecimientos en el terreno de juego. Una vez más estuvo de acuerdo en que podría.

También le pregunté si podría controlar si saltaba con fuerza y si podría controlar el nivel de su ética de trabajo. Su respuesta fue un sí sin miramientos. Siempre y cuando se encontrara en forma, por supuesto, podría controlar esas dos cosas.

Le expliqué a Richard (como me gustaría explicarte ahora) que, si bien no se puede controlar ganar en los cabeceos, si se pueden controlar saltar alto, con fuerza y con dominio. Puedes optar por pensar positivamente, puedes optar por buscar en una dirección determinada, y puedes optar por trabajar tan duro como te sea posible en esos últimos y asfixiantes 10 minutos de tiempo. Es difícil hacer, pero es una opción.

Le dije a Richard que tenía que enfocar su mente en las cosas que podía controlar en todo momento en el campo. Esto le permitiría ignorar por completo lo que él no podía controlar.

"No puedo controlar el terreno de juego, no puedo controlar dónde es el partido, y yo no puedo controlar lo que ha sucedido cinco minutos antes."

Le expliqué a Richard que era importante para él reconocer lo que podía influenciar, pero que no debería estancarse en estas cosas.

"Quiero ganar, pero entiendo que sólo puedo tener influencia en la victoria. Sólo puedo influir en el árbitro, sólo puedo influir en anotar un gol, y sólo puedo influir en mantener la portería a cero. Estos no se pueden controlar... sólo influir. Reconócelos, pero no te estanques en ellos."

Quiero que entiendas que lo único que puedes controlar en el terreno de juego es a ti mismo - tú te controlas a ti. Tu enfoque en el rendimiento tiene que estar en ti o en relación a ti, no a ninguna otra persona, ni a ningún resultado como marcar o ganar.

Tener un rendimiento impresionante manteniendo la concentración cada segundo de los 90 minutos que juegas significa ignorar lo que no puedes controlar. Esto significa el desarrollo de tu habilidad para reconocer pero sin obsesionarse las cosas que sólo puedes influir. Y esto requiere una mente que se concentre fijamente en uno mismo, en mantener los hábitos fundamentales que te ayudarán a ser la mejor persona que puedas ser, y el mejor compañero de equipo que puedas ser.

Cómo Richard desarrolló su concentración

"Puedo controlar lo que estoy pensando en el 1er minuto, el minuto 40 y el minuto 80. Puedo controlar las acciones que realizo y mi forma de reaccionar y responder en todo momento."

El minuto de juego es irrelevante. También lo son los errores que se acaban de cometer. Controla lo controlable

John el delantero

A algunos de mis clientes les gusta trabajar en privado conmigo y no desean ser identificados. Uno de esos jugadores era alguien a quien llamaremos John. John era (y sigue siendo) un delantero de la Liga Premier Inglesa. ¡De hecho uno muy bueno! Él es muy famoso y ha jugado por su país muchas veces.

Como todos los deportistas de élite experimentan en algún momento de su carrera - John estaba pasando por un mal momento cuando se me pidió trabajar con él. Él era un goleador habitual, pero últimamente el balón no quería entrar. Llevaba varios meses sin marcar y no solo la prensa empezó a sugerir que su carrera había terminado, pero sus propios aficionados empezaban a inquietarse durante los partidos cuando fallaba las oportunidades de anotar.

El mensaje de todos a su alrededor antes de cada partido era el siguiente: *"Hay que marcar. Hoy tienes que arriesgarte."* Sus compañeros de equipo le decían lo importante que eran sus goles y que si seguía jugando partidos sin anotar entonces el equipo seguiría sufriendo (en ese momento el equipo se deslizaba hacia abajo en la clasificación, añadiendo aún más presión sobre John). Otros trataban de ser positivos: *"Vas a anotar hoy - Puedo sentirlo. Va a ser tu día."*

La comunicación de los que rodeaban a John estaba dañando su enfoque en el rendimiento. Durante el partido estaba tan concentrado en marcar que empezó a entrar en pánico frente a la portería. En lugar de ser paciente se apresuraba, chutando demasiado pronto lo que le llevaba a pegarle mal o desviado. Y por estar tan obsesionado con marcar empezó a olvidar sus otras obligaciones como delantero. El entrenador tenía que recordarle constantemente a defender desde delante (sobre todo porque algunos goles fueron concedidos y pudieron

Capítulo 5

fácilmente haber sido evitados por John presionando y marcando a los defensas contrarios).

He trabajado con muchos delanteros y muchos pasan por algunas épocas de sequía goleadora en algún momento de su carrera. Y John no era diferente a muchos de los otros. Yo tenía que entregarle un mensaje coherente y vital para él cada día: *"Deja de centrarte en tratar de anotar goles. Tú no puedes controlar el marcador. Deja de escuchar a las personas que te dicen que tienes que marcar. No puedes controlar el marcador. Comienza a enfocarte en las cosas que puedes controlar - las cosas que te ayudarán a marcar. De esta manera te darás la mejor oportunidad para anotar. De hecho los goles vendrán por si solos".*

Este era un mensaje importante para John, porque tenía que entender que él no podía controlar el marcador - que el rendimiento enfocado en marcar era perjudicial para él porque dañaría su mentalidad. Quería que reconociera que algunas veces las defensas tienen una gran actuación y lo dejarán fuera del partido. En otras ocasiones al portero e saldrá un partidazo y parará todo lo que John le tire. John necesitaba relajarse y aceptar que la pelota no siempre sería para él y que cuanto más concentraba su mente en el marcador- más presión en sí mismo se acumulaba.

Al principio John no lo pillaba, pero a medida que más partidos sin marcar iban y venían, y cuanto más hablábamos, más se acercaba John al enfoque correcto. Empezó a comprender que sólo podía *influir* en el marcador. Sólo podía ejecutar las cosas que le ayudarían a anotar. Eso es todo.

Tu CPF

Permíteme presentarte al pequeño equipo que maneja tu rendimiento en el fútbol - la corteza pre-frontal o como ahora lo llamaremos: la CPF.

La CPF es la parte del cerebro 'que corta el bacalao' - cuando se trata de tu rendimiento futbolístico. Se encuentra justo detrás de la frente y es la parte que te ayuda a pensar, concentrarte, planear, tomar decisiones, reconocer patrones, interpretar, manejar las emociones y también desempeña un papel importante en la coordinación muscular. Esa es una gran cantidad de trabajo la que tiene el cerebro frontal. Gestiona y controla las habilidades vitales para el fútbol. La habilidad para ejecutar tus conocimientos técnicos, tácticos y físicos depende en gran medida de esta parte del cerebro.

Ahora aquí hay un problema interesante. La CPF es muy pequeña. De hecho, es diminuta. Se queda sin combustible y se desconecta fácilmente. Para darte un ejemplo - piensa en una ocasión en la que estabas en medio de algo y alguien te hizo una pregunta que requirió que pararas... y pensaras. Tuviste que dejar de hacer lo que estabas haciendo porque estaba utilizando espacio en la CPF y ya no había más. Tuviste que parar y liberar espacio para pensar en la respuesta a la pregunta que se te hizo.

Los jugadores no pueden evitar distraerse de vez en cuando... es la forma en la que está diseñado el cerebro. Pero tienen que lidiar con la distracción ... rápidamente

Cuando la CPF se apaga, se vuelve más difícil para tu cuerpo realizar las habilidades por las que has entrenado tan duro para mejorar. Es más difícil detectar los desmarques de tus compañeros de equipo o notar los espacios donde desmarcarte. Resulta más difícil tomar decisiones rápidas. Tus emociones se vuelven más difíciles de ignorar y el más simple de los pases puede salir desviado como resultado, ya que cada vez es más difícil concentrarte en tus compañeros de equipo.

Al centrarte en las cosas que no puedes controlar estas llenando el área del cerebro que maneja tu rendimiento. Factores como el clima, el error que cometiste, el hecho de que vais un gol por debajo - todos ellos contribuyen a sobrecargar tu CPF. Ellos dejan menos espacio para las tareas importantes que tu papel en el equipo requiere de ti.

Le expliqué a Richard que necesitaba la CPF para estar concentrado en cada partido. Como buen defensa necesita la CPF para permanecer concentrado anticipando los desmarques de los extremos a los que está marcando. Necesita la CPF activada para calcular la posición del cuerpo que necesita en cada momento para obtener la mejor vista de los movimientos del contrario. Necesita la CPF activada para medir el tiempo de salto y así ganar su batalla aérea contra los contrarios.

Si eres un delantero necesitas la CPF activada para hacer los desmarques adecuados, para encontrar espacios, para alejarte de un defensa, para empalmar un remate a un pase desde el otro lado del área. Se necesita la CPF funcionando

Capítulo 5

correctamente para poder ver los espacios, para actuar sobre esa información y para controlar el balón cuando te lo pasan a través de dos contrarios.

Como portero necesitas la CPF activada para que puedas tomar la decisión de salir a por un centro. Necesitas la CPF funcionamiento a plena potencia para anticipar la dirección del penalti que te van a tirar. Y necesitas la CPF activada para mandar a tus defensas en todo momento.

Como centrocampista necesitas la CPF funcionando para decidir el mejor balón para jugar en cualquier momento dado. Se necesita la CPF encendida para que tus entradas sean efectivas. Se necesita la CPF para ayudarte a ir de área a área para crear jugadas con los delanteros.

Tú sabes acerca de ganar

La CPF es una pieza vital de la equipación que debe manejarse con cuidado. Es la sala de máquinas de tu inteligencia de juego y la conexión crucial donde la mente y el cuerpo se unen. Al tener un enfoque de rendimiento dirigido a las cosas que no podemos controlar, o las cosas que sólo se puede influir, la estás alimentando con información innecesaria.

Tú ya sabes acerca de ganar. Sabes que quieres ganar. Sabes que quieres marcar y sabes, como defensa, que es ideal mantener la portería a cero. Así que deja de llenar tu CPF con las cosas que sólo puedes influenciar. Influéncialas enfocando tu mente en las cosas que puedes controlar.

Si llegas al partido y el terreno de juego no es muy bueno - ignóralo. No permitas que un mal campo llene tu CPF y dañe tu enfoque en el rendimiento. Te hará perder el tiempo y destruirá tu visión y movimiento. Si estás jugando fuera de casa - ignora este detalle. El terreno de juego, los postes de la portería y la pelota no saben que estás fuera de casa. Responde a la ubicación del partido, centrándote en lo que puedes controlar.

Ignora al árbitro. Puede que tome algunas decisiones que te frustren, pero no le des ventaja a la oposición al permitir que las decisiones arbitrales llenen tu CPF. Deja que el árbitro continúe con su trabajo mientras tú continúas con el tuyo.

Sabía que Richard podría dirigir su atención lejos de las cosas que no podía controlar, y el hacerlo contribuiría para ganar el premio al jugador del año del Coventry City. También sabía que si yo podía darle una filosofía simple de enfoque el limpiaría su CPF y jugaría con una mayor atención y anticipación, mejorando las grandes habilidades defensivas que ya tenía. Así que rápidamente se puso a trabajar en un nuevo modo de enfoque: el yo, el ahora, el guion.

6
El guion de tu partido

Creo que los grandes - no importa cuál sea su deporte o su industria - empiezan con el fin en mente. Ellos ven en su imaginación cómo quieren ser en el futuro. Ellos visualizan a su yo perfecto. Se imaginan su destino.

Tengo un objetivo en mente, un sueño si quieres, para todos mis clientes cuando se trata de enfoque en el rendimiento. Algunos de mis sueños son así:

Jane le entra al delantero y el árbitro lo ve como una falta. Jane cree que fue una entrada justa, pero se levanta rápidamente y vuelve a su posición. Se enfoca en lo que puede controlar. Encuentra a la persona que está marcado con rapidez e instruye a otros a hacer lo mismo.

John se desmarca justo dentro del área y suelta un zapatazo. Su tiro pasa rozando el poste derecho. Se lleva las manos a la cabeza pero entonces se acuerda. Se enfoca en lo que puede controlar. Levanta la cabeza y vuelve a su posición, preparado para ganar el balón de nuevo.

Jake sigue perdiendo los cabeceos con el armario ropero del defensa central que le saca una cabeza. Pero a él le encanta centrarse en lo único que él puede controlar - a sí mismo. Así que conserva la confianza y trabaja en formas distintas de ganar el balón. Utiliza su cuerpo de manera eficaz y trata de cansar al defensa central moviéndose constantemente. Él sigue adelante.

Sarah sabe que el tiempo se está acabando. Su equipo va uno a cero arriba en este crucial partido de Copa y ella ve a sus compañeras de equipo, tratando

Capítulo 6

desesperadamente de agotar el tiempo. Ella sabe que no puede controlar el reloj - sólo su juego. Así que ignora el reloj y absorbe su mente en las cosas que puede controlar para darse la mejor oportunidad de seguir jugando bien.

Mi *fin en mente* es que mis jugadores jueguen con una mentalidad que se centre firmemente en los elementos del juego que pueden controlar. En mi visión de su futuro ideal ellos ignoran las cosas que no pueden controlar y sólo reconocen las que pueden influir. Sus mentes de fútbol y enfoque de rendimiento están envueltos en las cosas que pueden controlar. No hay nada fuera de esta burbuja. Se adhieren a esto estrictamente y con disciplina

Esta fue la visión que tuve para Richard Keogh. Yo quería que Richard se enamorara de la filosofía de rendimiento que le presenté. Yo quería que el fuera *el yo, el ahora, el guion*. De esta manera el obtendría el mayor provecho de la gran habilidad que tenía. Le daría ese porcentaje extra que lo ayudaría a cumplir semana tras semana.

Un jugador debe jugar con intención. Tiene que jugar con anticipación y previsión. Tiene que jugar con voluntad y habilidad y deseo

El yo, el ahora, el guion: una filosofía de enfoque

Últimamente trabajo sólo como consultor de psicología de fútbol. Pero esto no fue siempre el caso, Cuando terminé de jugar golf profesional comencé a entrenar la parte técnica del juego. Y después de completar una licenciatura y un Master en psicología me fui a trabajar con jugadores de golf en su mentalidad. Mucho de lo que aprendí en el golf lo uso en el fútbol. Por supuesto que hay muchas diferencias en la psicología de los dos deportes, pero también hay algunos puntos en común.

He encontrado el enfoque de rendimiento de los golfistas y jugadores de fútbol bastante similar. El mal tiro hacia el agua que condujo a un doble bogey tiende a quedarse en la mente del jugador de golf al igual que el error que resultó en gol se queda con el futbolista mientras compite. El golfista puede obsesionarse con la manera como sus oponentes están jugando. El futbolista se centra demasiado en la calidad del equipo contrario. El golfista se concentra en cosas irrelevantes no relacionadas con su swing. Un jugador de fútbol puede centrarse demasiado en el balón.

Mientras que los dos deportes trabajan a velocidades completamente diferentes (aparte de que uno es un deporte individual y el otro un deporte de equipo) es el enfoque del rendimiento el que forma un vínculo entre los dos. Y fue mientras trabajaba con golfistas que se me ocurrió un mantra que creo que no es relevante sólo para el fútbol sino para todos los deportes, sin importar cuál sea la naturaleza del juego. El mantra es *el yo, el ahora, el guion*.

El yo

Cuando juegas fútbol hay una sola cosa en el terreno de juego que realmente puedes controlar. Eso eres tú.

"La única persona a la que puedo controlar en el campo soy yo."

Si tuviera que desarrollar mágicamente algún talento futbolístico y meterme en un campo de fútbol, yo pondría toda mi atención en mí. Yo entendería que sólo me puedo controlar a mí mismo y me propondría gestionar: mis reacciones y mis respuestas, mi técnica, mi plan de juego y tácticas, mi papel y responsabilidades.

Le expliqué a Richard que centrarse en *el yo*, no significa que debe ignorar completamente a la oposición, al árbitro, al entrenador, al público y a sus compañeros de equipo. Le dije que centrarse en *el yo* le ayudaría a concentrarse en las cosas que puede controlar y le ayudaría a lidiar efectivamente con las cosas en las que él no pueda influir.

Durante mi primera temporada trabajando con Richard jugó principalmente como defensa. Él jugó contra muy buenos extremos y delanteros - jugadores como Scott Sinclair del Swansea, Max Gradel del Leeds United o Craig Bellamy del Cardiff City. Como nuevo jugador de la división, la Championship inglesa, hubiera sido fácil enfocarse en estos jugadores. Hubiera sido fácil obsesionarse con el ritmo de Sinclair, la energía de Bellamy y la habilidad de Gradel. Este enfoque de rendimiento hubiera desanimado a Richard. Hubiera suprimido su juego.

Para que Richard se diera la oportunidad de jugar bien durante los 90 minutos tenía que atenerse *al yo*. Debería tener una voz interior que dijera: *"Vamos, deja de centrarte tanto en él y empieza a centrarte en mí. Vamos, céntrate en mí"*. De

Capítulo 6

esta manera, él podría lograr ser el mejor que pudiera en ese partido. Al cambiar su enfoque hacia *el yo* y luego, por pensar de una manera segura y útil, él podría darse la mejor oportunidad para hacer frente a los retos más difíciles (y los mejores jugadores) en el campo.

Yo quería que Richard adoptara *el yo* - un reconocimiento de que él estaba jugando contra un delantero genial, pero con una mentalidad en las cosas que él podía controlar. Quiero que disfrutes jugando con el mismo enfoque de rendimiento. Quiero que juegues *el yo*. Te reto a hacer caso omiso de lo que no puedes controlar, identifica en qué puedes influir mientras te sumerges en *el yo*.

Por supuesto dite a ti mismo que quieres ganar. Pero recuerda que si te fijas solo en el resultado durante el partido puedes comenzar a sentir pánico. Si el resultado sigue siendo empate a cero la mayor parte del partido o si vas un gol en contra y tu enfoque está centrado en ganar puede que empieces a ponerte nervioso.

"Quiero ganar, pero sé que me voy a dar la mejor oportunidad de ganar si me concentro en lo que puedo hacer. Mantente centrado en el yo."

Entiendo que es importante para ti prestar un poco de atención al contrario durante el partido. Eso es evidente. Pero el enfoque correcto hacia la oposición es simplemente darte cuenta de *qué* están haciendo en lugar de *como* están jugando. Un juicio rápido de su estrategia es todo lo que necesitas, después debes cambiar tu concentración de nuevo a ti.

"Este extremo está utilizando su velocidad para irse por fuera. No pasa nada, le voy a enseñar el interior."

"El defensa está tratando de cansarme. No pasa nada, estaré más fino en mis movimientos y dejarlo atrás."

"El centrocampista está jugando balones por detrás de la defensa. No pasa nada, me aseguraré de leer con anticipación cuando le pasen el balón y marcarle lo más rápido posible para que tenga menos tiempo para hacer el pase."

De esta manera estás reconociendo brevemente lo que la oposición está tratando de hacer, pero rápidamente vuelves a centrarte de nuevo en ti. No hay diálogo interno dedicado a lo bien que está jugando el contrario, lo buenos que son, y cómo están destinados a vencerte.

Evita un enfoque de rendimiento en lo que no puedes controlar, reconoce en qué puedes influir y dedica tú mente a centrarte en *el yo*.

El ahora

¿Puedes cambiar el error que cometiste hace cinco minutos? ¿Puedes recuperar el balón que regalaste y acabó con un gol en contra de tu equipo? ¿Puedes volver a intentar ese gol facilísimo que fallaste en la primera mitad?

Un futbolista no puede cambiar el pasado, ni tampoco el entrenador, ni siquiera un psicólogo puede hacer retroceder el tiempo.

"No puedo cambiar el pasado, no puedo controlar el pasado."

Es lo mismo en el campo de fútbol como lo es en la vida. Un jugador de fútbol debe comprometerse a dejar ir el pasado durante un partido. Cuando lo haga, él mismo se dará la oportunidad de jugar con libertad y con precisión.

Del mismo modo, es fácil adelantarse y mirar hacia el futuro durante un partido. Proyectándote en el futuro durante un encuentro es un destructor del enfoque y un desperdicio de energía.

Le pregunté a Richard si podía sintonizarse y centrarse en sus responsabilidades cuando se concentraba en el tiempo que le quedaba al partido. Le pregunté si se sentía capaz de jugar con libertad o si estaba preocupado por algo que no había sucedido todavía. Le pregunté si se sentía capaz de leer el juego y anticiparse adecuadamente si pasaba tiempo repasando en su mente el error que había cometido cinco minutos antes.

Le dije que un enfoque en el futuro mientras jugaba era un enfoque de rendimiento negativo - concentrándose en el peor de los casos, *"¿Y si marcan?"*, le expliqué que este enfoque de rendimiento te impide jugar suelto - el resultado será que termines jugando en tu interior, porque tu foco de atención está en evitar errores. Irónicamente este tipo de enfoque aumenta la posibilidad de que realmente cometas errores - aumenta la probabilidad de que suceda la situación que no quieres que suceda.

Dejar ir el pasado y evitar un enfoque en el futuro durante un partido te ayuda a escapar de la prisión mental de la acción pasada y la predicción de lo que está por venir. Esta prisión retarda tu anticipación y disminuye tus movimientos. Llena el CPF y apaga tu capacidad de estar atento a lo que está sucediendo a tu alrededor. Un jugador que está verdaderamente en el ahora, juega cada pocos segundos a medida que pasan. Ignora el pasado y quita a su mente del futuro.

Capítulo 6

Sé que a los grandes jugadores les gusta pensar en el futuro, jugadores como Xavi Hernández y Andrés Iniesta. Pero cuando hablan del pensamiento no se refieren a los 5 o 10 minutos siguientes. Ellos se refieren a 5 o 10 segundos. Se están enfocando en alejar a los defensores para abrir espacio para sus compañeros de equipo. Se están centrando en buscar posiciones donde puedan recibir un pase. Están prediciendo los desmarques inminentes de los delanteros que juegan en su equipo.

Para mí, un enfoque óptimo está en *el ahora* - esto significa en el momento actual y en los próximos 10 segundos. Cualquier cosa fuera de esa burbuja es irrelevante - no vale la pena pensarlo, no vale la pena enfocarse.

Jugando en *el ahora* o *jugando el presente* (otro término que me gusta usar) es uno de los conceptos más básicos y simplistas que enseño. Sin embargo, parece ser uno de los más difíciles de lograr. Al cerebro de fútbol le encanta predecir con anticipación o corregir lo que has hecho mal en el pasado. Quiere que el pitido final venga cuando estás ganando y le gusta recordar lo que has hecho mal mientras compites. Es casi como si te estuviera diciendo *"no vuelvas a hacer esto"*

Yo quería que Richard entendiera, así como quiero que tú lo aprecies, que los errores van a suceder en el campo. Vas a fallar un pase, vas a conceder un gol tonto, vas a perder grandes oportunidades de gol y vas a hacer entradas a destiempo. No importa cuál sea el error o la equivocación, debes seguir jugando con un enfoque fijado firmemente en *el ahora*.

No seas un esclavo del futuro. Va a pasar. Permanece en el ahora. El resultado del juego se resolverá así que deja de pensar en ello y pon tu atención en *el ahora*. Si no estás teniendo tu mejor partido - querer que el espectáculo se acabe no te ayudará. Sitúa tu enfoque en *el ahora* para que te puedas tomar un poco de tiempo para solucionar problemas - para encontrar una solución que arregle tu juego.

Un jugador puede estar afectado por una mente errante. El pasado ya pasó y no se puede controlar. El futuro sólo puede ser influenciado si te concentras en el presente

El yo, el ahora: compañeros en el enfoque de rendimiento

A Richard le encantó la idea de jugar *el yo, el ahora*. Comprendió que si simplemente se decía a sí mismo *"el yo, el ahora; el yo, el ahora"* enchufaría su enfoque de rendimiento para centrar su atención en sí mismo y en el momento presente. Este es el antídoto perfecto para una mente a la que le gusta poner demasiado énfasis en la oposición o en los errores del pasado.

Por supuesto que él entendió que esto no significa ignorar al contrario. Para él sólo quería decir que él debía reconocer al delantero que estaba marcado, tomar nota de cómo el delantero trataba de jugar contra él y luego dirigir su atención a las cosas que podía controlar para hacerle el partido lo más difícil posible al delantero.

Te aconsejo hacer esto en tu partido. Yo creo que vas a jugar al máximo si te quedas en *el yo, el ahora*. Mediante la gestión de tu mentalidad de rendimiento y manteniéndola firmemente dentro de los límites *del yo, el ahora*, te resultará imposible jugar y competir con duda y preocupación. Como portero, jugar en *el yo, el ahora*, te ayudará a atrapar los centros sin tener que preocuparte por otros jugadores dentro del área. Como defensa te beneficiarás *del yo, el ahora* - te mantendrá alerta, vivo y listo para para cortar balones y bloquear espacios que los delanteros hayan visto. Como centrocampista en *el yo, el ahora* te beneficiarás de la libertad que esta forma de pensar te da. Pases muy precisos serán tu punto fuerte. El delantero que juega *el yo, el ahora* simplemente sigue jugando sin importar cuántas oportunidades ha perdido. Él no se obsesiona con los goles cantados, él simplemente sigue esforzándose por definir el tiro que va a ganar el partido.

El gran futbolista continúa. Falla, él continúa.
Cede el balón, él continúa. Va un gol en contra, el
continúa.

Capítulo 6

El guion

Como se ha discutido - permanecer en *el yo, el ahora* no es fácil. Es un concepto sencillo, pero difícil de aplicar. Afortunadamente, esta filosofía de enfoque en el rendimiento tiene otro nivel - un paso más que permite al futbolista jugar con el enfoque correcto.

El siguiente paso es desarrollar lo que yo llamo el guion del partido. Tu guion son 2 o 3 jugadas que deseas ejecutar durante el partido, son jugadas que se pueden controlar y se relacionan con tu función, tus responsabilidades y tu mentalidad.

Permíteme darte algunos ejemplos:

- Movimiento continuo
- Ganar mis cabeceos: saltar a tiempo
- Empujar al delantero al exterior en todo momento
- Trabajar duro – área a área
- Hablarme a mí mismo con confianza en todo momento
- Concentrarme en mí
- Ser fuerte en cada desafío
- Dominar en un centro

No puedo enfatizar suficientemente la importancia de las dos características de las jugadas que componen tu guion. Deben ser cosas que puedes *controlar*. Esto significa que deben relacionarse contigo ya que eres la única persona a la que puedes controlar completamente. Si te fijas en la lista anterior tú puedes controlar todas esas jugadas. Puedes controlar moverte sin parar, puedes controlar el tiempo de tus saltos, y puedes elegir trabajar duro. La segunda característica es igual de importante - las jugadas deben estar relacionadas con tu función y tu responsabilidad, o tu mentalidad. Nuevamente, estas son cosas que puedes controlar.

También me gustaría ver las jugadas de tu guion expresados en una manera positiva. Evite la palabra *"no"* - como en *"no entres sin fuerza"* o *"no hagas faltas"*. Estas frases no son sólo declaraciones negativas, también usan la palabra no. El cerebro no reconoce la palabra no. Cuando dices *"no mires hacia atrás"*, ¿qué quieres hacer? Lo más seguro es que quieras mirar hacia atrás. Cuando un entrenador dice *"no cometas faltas"* ¿Qué provoca eso que como jugador quieras hacer? Sí, te dan ganas de ir con todo y hacer una entrada con los tacos.

El guion de tu partido

Vamos a tomarnos un poco de tiempo para anotar algunas jugadas más que podrían formar parte de tu guion. Recuerda, deben estar escritas de manera positiva (que es lo que *sí* quieres hacer) y deben estar relacionadas con tu función, tus responsabilidades y tu mentalidad.

- Estar alerta en todo momento
- Habla: alto durante 90 minutos
- Vigila tu espalda más seguido: por lo menos 10 veces por minuto
- Localiza a los extremos: cubre la línea defensiva
- Desmárcate
- Levanta la cabeza y relájate cuando recibas el balón
- Aguanta la línea defensiva - empuja a todos cuando el balón es despejado
- Presiona arriba cuando tu equipo no tiene el balón

Yo siempre recomiendo tener 2 o 3 jugadas, pero puedes tener sólo una si quieres. Yo te aconsejaría que no tengas más de 4 de lo contrario vas a pensar demasiado las cosas en el terreno de juego. Tampoco creo que sea aconsejable tener un guion con jugadas que impliquen técnica. Yo creo que es importante para un jugador de fútbol confiar en su propia técnica mientras juega.

La confianza es un ingrediente vital en la excelencia, porque el pensamiento excesivo conduce a una ejecución tensa y nerviosa de los movimientos del cuerpo. Imagínate pensar acerca de donde pones los pies al subir las escaleras. Si lo haces es probable que te caigas. La técnica se debe practicar en el campo de entrenamiento. Este es el tiempo correcto para pensar dónde colocar tu pie cuando controlas la pelota, o qué ángulo de tu cuerpo es mejor para controlar el balón. El campo de entrenamiento es el lugar para trabajar con las complicaciones de como golpear el balón y colocar la cabeza cuando remates. El día del partido se necesita una mentalidad de confianza. Si fallas un tiro o pierdes el control de la pelota evita analizar críticamente tu técnica - déjale esto al campo de entrenamiento.

Tener un guion con jugadas relacionadas con la técnica probablemente llenará tu CPF. Recuerde que estamos tratando de involucrar al cerebro frontal, no llenarlo.

No hay nada más destructivo que obcecarte en los errores. Este enfoque simplemente agrava el error inicial

Capítulo 6

El guion del delantero

Una sesión con un delantero dio lugar a estas tres jugadas:

- Moverte sin parar durante 90 minutos
- Llega al área: Sé una amenaza constante en la zona
- Mantente animado pase lo que pase

Este era un delantero de la Premiership y un ejemplo de cómo el guion no tiene que ser complicado. Este es un guion perfecto para ayudar a este delantero a permanecer en *el yo, el ahora*. Las jugadas eran relevantes para su papel y adecuadas a las responsabilidades que su entrenador le había dado.

Quería una jugada con movimiento para recordarle trabajar duro aun sin el balón, porque era en este momento cuando tendía a marcar - cuando trabajaba duro. También era cuando el entrenador lo alababa más - cuando trabajaba duro para el equipo. La segunda jugada requería que entrara más en el área y se volviera un incordio en la zona. Cuando hacía esto se daba la oportunidad de encontrar espacios y marcar. Su tercera jugada le recordaba mantener una actitud positiva en todo momento ya que el tendía a venirse abajo después de los errores o cuando su le marcaban un gol a su equipo.

El guion del centrocampista

Este guion está tomado de una sesión que hice con un mediocampista que jugó en la primera división en Francia:

- Cerrarme rápido cuando mi marca tiene el balón: incordiarlo
- Buscar pases diagonales a la izquierda: explotar la lentitud de su lateral derecho
- Hablar constantemente: intimidar con mi voz

Estas tres jugadas son un buen equilibrio de responsabilidades con y sin la pelota. El hablar constantemente le ayudó a ser un gran compañero (por informar a los demás de lo que está pasando alrededor de ellos) y también le ayudó a permanecer conectado.

El guion del defensa

Este guion ayudo a un jugador de la League 1 (la tercera división en el fútbol Inglés) a ganar el jugador del partido.

- Dominar con mi lenguaje corporal: positivo y optimista en todo momento
- Hablar con los defensas sin parar : mantenerlos al tanto de los peligros
- Marcajes fuertes: enfocarme a la hora de entrar

El defensa era un jugador veterano que sintió que podría dejar que la parte táctica de su juego sucediera de manera natural, por lo que eligió jugadas de mentalidad. Las jugadas con su lenguaje corporal y su comunicación le permitieron ser un líder, algo que se sentía cómodo haciendo. Quería recordarse a sí mismo que este era su papel en el equipo - quería asegurarse de que lo hacía bien. También sabía que iba a jugar contra delanteros muy rápidos así que sabía que era importante poner mayor énfasis en hacer las entradas a tiempo. Esto lo expresó teniendo un juego relacionado con el enfoque – *enfócate cuando hagas las entradas*. Este guion funcionó - él realmente fue el mejor jugador en el campo.

El guion del portero

Por último, aquí está el guion de un portero con el que he estado trabajando durante los últimos 3 años. Él ha montado docenas de guiones en su carrera. Este es uno de ellos:

- Decisivo en los cruces: comprometerse a volar
- Siempre enchufado: mantenerse en movimiento incluso cuando la pelota está en el otro extremo del campo
- Manos altas en los disparos

Notarás una jugada técnica (manos altas en los disparos). Esta es una de las raras ocasiones en que permito que esto suceda. Este portero dejaba caer las manos con regularidad mientras preparaba su cuerpo para hacer una parada. Era casi como un detonante corporal para prepararse para estirar los brazos y el entrenador de porteros pensó que era un error técnico muy destructivo. Así que decidimos que el portero debería tener una jugada que le ayudara a mantener las manos en alto mientras se preparaba para hacer una parada.

Capítulo 6

El pensar en el momento, bajo los focos, en el fragor de la batalla requiere una mente abierta, sin la carga de un enfoque deficiente

Pero me gusta jugar con la mente en blanco

Muchos de los entrenadores con los que he hablado acerca del guion se refieren al concepto de la "zona". Señalan que una característica de este tan hablado estado mental es una mente clara y despejada. Argumentan que un jugador de fútbol debe jugar sin ningún pensamiento pasando por su cabeza.

Yo también creo que el cerebro y el sistema nervioso funcionan mejor cuando un jugador de fútbol juega y reacciona instintivamente a los desafíos que se le presentan. Ser intuitivo, automático y reflexivo es una mentalidad y una forma de jugar que todos los jugadores deben seguir.

Pero para mí, los investigadores que estudian la zona no dicen que no debería haber ningún pensamiento. Simplemente debe haber menos pensamientos. Tal vez eso significa tener 2.000 pensamientos, pasando por tu mente consciente, mientras juegas en lugar de 10.000 pensamientos. Nadie sabe la cantidad exacta de pensamientos necesarios para estar "en la zona". Lo que sí sé es que los jugadores que pisan el terreno de juego con un guion del partido tienen algo en lo que enfocar su mente, así como algo para llevar su mente lejos de las cosas que no pueden controlar. Y así tienen cosas tangibles y controlables a las que regresar cuando se distraen.

El guion mantiene la CPF animada en lugar de sobrecargándose. Eso, paradójicamente, mantiene una mente despejada, ayudándote a concentrarte en las áreas del juego que son importantes para ti. Con varias jugadas simples dentro de un guion básico te darás la oportunidad de entrar en la zona.

Una mentalidad excesivamente técnica sobre el terreno de juego sólo lleva a un colapso de pensamientos. Necesitas pensar un poco ... pero mantenlo sencillo

El yo, el ahora, el guion: un resumen

Al igual que todos mis clientes, Richard Keogh tiene un guion para el día del partido. Tres jugadas sencillas que le ayudan a concentrarse en sí mismo, en el momento presente. Su guion le ayuda a entrar en el terreno de juego el día del partido con cosas básicas en las que enfocar su pensamiento. Las jugadas le ayudan a pasar por alto las cosas que no puede controlar y le ayudan a apartar su enfoque de las cosas en las que sólo puede influir. Richard sabe que un gran partido se hará cargo de sí mismo si él ejecuta su guion. Si se distrae él sabe que tiene algo a donde regresar - algo en qué concentrarse.

Richard deja que un gran partido se encargue de sí mismo. Sabe que no puede controlarlo completamente. Él puede tener un gran partido, pero sabe que la persona a la que está marcando puede ser un poco mejor ese día.

Me gustaría que adoptaras la filosofía de Richard. Si quieres ganar el partido, *céntrate en tu guion*. Si quieres ganar tu batalla personal contra el hombre que estás marcado, *céntrate en tu guion*. Si deseas marcar un gol, *céntrate en tu guion*. Si desea mantener la portería a cero, *céntrate en tu guion*. Tu guion dirige tu enfoque y como consecuencia dirige tu rendimiento.

Adhiriéndote con *el yo, el ahora, el guion* es un reto ya que el juego trae consigo no sólo contrarios (y sus compañeros de equipo), sino también buena y mala suerte. El enfoque de rendimiento ofrece una experiencia como una montaña rusa. Especialmente teniendo en cuenta la forma en que tu cerebro está diseñado. Como el siguiente capítulo explicará, es tu propio cerebro el que puede ser tu peor enemigo.

7

Cómo Carlton aplastó sus hormigas (ANTs)

Nunca llegué a ver un gran Tottenham Hotspur. No como los grandes equipos ganadores de principios de los sesenta o el exitoso equipo de Europa de mediados de los ochenta. Yo era un seguidor a finales de los años ochenta y noventa y, a pesar del enorme talento de jugadores como los ingleses Paul Gascoigne y Gary Lineker, Spurs nunca llegó a la altura de los nostálgicos años anteriores.

A pesar de su falta de éxito, yo crecí como un fan de los Spurs y nunca en mis sueños más locos pensé que cambiaría mi lealtad a ellos. Como todos los aficionados al fútbol saben - no es lo que se ha 'hecho'. Pero cuando trabajas con jugadores de fútbol o un equipo de fútbol, la lealtad al club de la adolescencia se estira y una reunión el 1 de agosto de 2007 me hizo cambiar mis sentimientos hacia mis queridos Spurs.

Mi trabajo con Carlton Cole de West Ham United me vio celebrar un gol contra los Spurs. Se me vio saltar de alegría cuando mi cliente dejó la defensa del Spurs moviendo la cabeza en señal de frustración. Me había rebelado contra mi muy querido equipo - pero yo estaba feliz. Carlton Cole finalmente encabezaba las noticias.

Capítulo 7

Para siempre soplando burbujas

La primera reunión tuvo lugar en el Boleyn Ground Upton Park, sede del West Ham Football Club al este de Londres. Al llegar, nos llevaron a una de las salas de juntas que daba al campo. Me entregué a las vistas. Era un día brillante de verano y el campo se veía inmaculado, como el césped recién cortado de Wimbledon o del Augusta National. Sin embargo, este césped no había gozado de la presencia de un Roger Federer o Tiger Woods, pero había disfrutado del sello de deportistas de igual calibre, como el grande de Inglaterra, Sir Bobby Moore. Mirando hacia las gradas imaginé hinchas a pleno pulmón cantando el himno de West Ham: "Para siempre soplando burbujas".

Quince minutos pasaron hasta que un suave golpe en la puerta interrumpió mi contemplación desde la ventana y me trajo desde césped sagrado de West Ham de vuelta a la habitación. Me giré para a ver mi futuro. Me volví para ver a Carlton Cole tímidamente parado en la puerta o, para ser más exactos, cubriendo la totalidad de la puerta - una montaña de hombre. Mis primeros pensamientos me traicionaron como consultor de psicología de fútbol. "¿Puede ser posible que este hombre realmente tenga problemas de confianza? ¿Cómo ha sido que este chico no lo ha conseguido en esta liga?"

He oído a los psicólogos decir que causamos nuestra primera impresión casi instantáneamente. El juicio está determinado por la ropa que la gente usa, por sus gestos, su aspecto físico y por la forma en que te hablan. Algunas veces hacemos un juicio equivocado y creo que es la apariencia física la principal causa de error en el juicio. Hay un montón de hombres enormes jugando al fútbol y es muy fácil pensar que porque son grandes están obligados a tener confianza, sin miedo y llenos de seguridad en sí mismos.

Un educado aunque un poco tímido Carlton Cole entró en la habitación y me saludó con un cálido apretón de manos. Nos sentamos y hablamos.

La historia de Carlton

"Hace dos años vi a Carlton jugar con los reservas y vi dos animales en él - uno era un conejo y el otro un león. Quiero ver al león salir en él más a menudo."
Claudio Ranieri (ex entrenador del Chelsea.)

Cómo Carlton aplastó sus hormigas (ANTs)

Carlton Cole Michael Okirie había sido un jugador estrella en el equipo juvenil del Chelsea Football Club. Marcó un carro de goles dominando defensa tras defensa con su fuerza, altura y habilidad. Algo seguro para el futuro. Claudio Ranieri - El entrenador del Chelsea en ese momento - le llamaba su león y después de que Carlton marcara en su debut con el primer equipo, toda Inglaterra esperó verlo explotar en escena. Pero tal erupción nunca ocurrió y Carlton fue cedido a Charlton, Wolves y al Aston Villa sólo para ser transferido al West Ham en el verano de 2006.

Carlton me transmitió esta información, siendo un consultor de psicología, siempre me gusta saber un poco sobre el pasado de alguien. Siempre me ha fascinado ver que un individuo con el físico ideal y con talento de sobra pudo caer en desgracia. Aquí tenía a alguien destinado a ser una superestrella y ahora languidecía en el equipo de reservas del West Ham. ¿Cómo había pasado este joven futbolista de estrella a, si no estrellado, por lo que se veía casi estrellado? ¿A dónde se había ido su talento? ¿Quizá su aspecto físico en la juventud había sido una máscara para una técnica deficiente o falta de habilidad? Yo lo dudaba, y la palabra de los entrenadores que lo conocían decía que Carlton Cole era de primera clase. Él podía dominar los entrenamientos. Podía dirigir el espectáculo. Pero el día del partido este Carlton, Carlton el león, no aparecía.

Los pies rápidos pueden ser un fenómeno físico ... pero pronto se vuelven pegajosos cuando un futbolista no está preparado para trabajar bajo presión

La gran brecha

Resulta que Carlton fue víctima de la *gran brecha*. La diferencia entre la mentalidad que uno tiene en el campo de entrenamiento y la mentalidad que uno tiene mientras rinde dentro de la olla a presión que es el día del partido.

Creo que la *gran brecha* ha destruido más carreras prometedoras del fútbol que cualquier otra cosa. Después de haber trabajado con muchos de los juveniles de los clubes profesionales, he visto una gran cantidad de talento sin materializar. Sí, hay una serie de razones por las que esto sucede pero una causa recurrente de fallo se establece firmemente en la puerta de la gran brecha. Muchos jóvenes futbolistas con habilidad de sobra son incapaces de superar la incómoda

Capítulo 7

sensación que experimentan al entrar en el campo el día del partido. Es este sentimiento - de miedo, de duda, de preocupación y de ansiedad - que brinda actuaciones de baja calidad que luego traen consigo una enorme frustración para los entrenadores porque no ven a los mismos jugadores que destacan en los entrenamientos de todos los días.

La diferencia en la sensación entre el entrenamiento y el juego puede ser enorme. ¿Por qué? Mi modo de describirlo puede ser así:

Imagínate un trozo de madera frente a ti, un trozo de madera de unos 9 metros de largo y medio metro de ancho. ¿Crees que puedes cruzar al otro lado sin caerte? ¿Fácil, no? Ahora vamos a cambiar este simple desafío. Vamos a izar ese pedazo de madera a 300 metros de altura. ¿Crees que puedes caminar sobre el ahora? La tarea es aún la misma. Pero, ¿qué ha cambiado? Tu percepción sobre tu misión que es: "Si me equivoco voy a morir" Probablemente cruzarás sin problema, si te atreves a intentarlo. Y si lo haces - ¿caminarás de la misma forma arrogante en la que lo hiciste cuando la madera estaba en el suelo? Yo creo que lo harías probablemente con más cuidado.

Carlton Cole y miles de jugadores de fútbol como él pueden jugar en los entrenamientos. Juegan con intensidad y concentración. Ellos demuestran su visión, su estado de alerta y su competitividad. Ellos marcan, defienden, hacen entradas y hostigan a sus compañeros de equipo. Ellos pueden jugar extremadamente bien. Esto se debe a que es fácil, es sólo entrenamiento. El entrenamiento es sólo como un 'juego de fútbol'.

Pero cuando se trata del día del partido de repente *deben* hacerlo bien. No hay lugar donde esconderse. Ellos sienten que están siendo juzgados - por sus entrenadores, por los seguidores y por sus compañeros de equipo. Se preguntan qué pensará la gente si cometen un error. Ponen en duda su capacidad. El fuego que arde tan brillantemente en los entrenos se desvanece en cenizas sin humo el día del partido.

Carlton se encontró en este lugar. Su partido de debut con el primer equipo del Chelsea estuvo bien. Sin embargo, durante este partido no se comportó como un "conejo deslumbrado por los faros" era más bien un conejo corriendo a través de la carretera. Él no pensó en el momento, el estadio, o en el contrario. Simplemente salió al campo y jugó de la misma forma que lo hizo para el equipo juvenil del Chelsea. Pero el Chelsea fue y sigue siendo uno de los clubes más importantes del mundo. Para mantener tu lugar tienes que ser uno de los mejores del planeta en tu posición. Carlton sabía esto y comenzó a cuestionar su capacidad y su futuro. Pronto se olvidó de las docenas de goles que marcó para el equipo juvenil. Él no hizo caso a los elogios del entrenador, Claudio Ranieri. Su única visión se convirtió en la de él fallando. Su voz se convirtió solamente en *"no puedo"*. Los negativos ahogaron los positivos.

Y así sus actuaciones sufrieron. El Chelsea decidió que necesitaba más tiempo de juego (ya que rara vez salía de inicio) así que le prestaron al Wolverhampton Wanderers, a Charlton, y luego al Aston Villa. Carlton anotó algunos goles y nunca logró establecerse en ninguno de esos clubes. Por dentro, el realmente comenzó a dudar de sí mismo. Cuando jugó en partidos de la Premier no se sentía cómodo. Sí, en los entrenamientos su fútbol era bueno, pero en los partidos su juego no era de fiar. El buscó en su interior y se dio cuenta que carecía de fe en sí mismo y de una sensación de confianza cada vez que cruzaba la línea blanca y entraba en el terreno de juego. Pero él no sabía cómo cambiar las cosas. Fue entonces cuando me llamaron a mí.

Un jugador de fútbol debe ejercer su libertad de elección. Pensar es una opción, por lo que debe elegir pensar efectivamente en todo momento

Hormigas (ANTs)

Le dije a Carlton que él tenía una plaga de hormigas (ANTs). No me refería a los pequeños insectos, sino a los Pensamientos Negativos Automáticos (Automatic Negative Thoughts o ANTs).

Se ha dicho que tenemos 66.000 pensamientos al día y dos tercios de éstos tienden a ser negativos. La forma en que esto ha sido medido no la sé, pero me imagino que la cifra no está lejos de la realidad. Carlton tenía un nido de ANTs. Tenía miles de pensamientos negativos relacionados con su fútbol, todos los días. Los años anteriores habían dejado s huella y Carlton estaba lleno de ANTs que dificultaban su progreso.

Cuando Carlton se sentó conmigo habló de los ANTs que experimenta dentro y fuera del terreno de juego. El continuamente se "caía de la tabla de madera" y no se ayudaba a sí mismo preocupándose durante toda la semana y pasando el tiempo dudando de sí mismo. No importa cuánto talento tengas, y no importa cuán buena forma física tengas, cuando te sumerges en el tipo de pensamiento destructivo en el que estaba Carlton, entonces vas a jugar un fútbol malo. Carlton tenía una plaga de ANTs y tenía que lidiar con ellos.

Los primeros capítulos de este libro tratan de la confianza en uno mismo. Carlton y yo trabajamos en esta área y en estas técnicas religiosamente. Yo sabía que esa era la parte fácil. Pero fueron sus ANTs los que iban a ser difíciles de aplastar. Estos eran ruidosos. Ahogaban los aspectos positivos y hundían cualquier pensamiento útil que pudiera subir a la superficie.

Todo está en tu cerebro

Me gustaría que hicieras dos breves ejercicios. Vamos a dar palmas.

1. Aplaude durante 5 segundos, 1 aplauso por segundo.
2. Aplaude 5 veces por segundo. Haz esto durante 5 segundos también.

¿Por qué las palmadas? El primer ejercicio se parece al fútbol porque, a mi manera de pensar, el fútbol se juega en segundos. Sólo hace falta un segundo para marcar un gol. Sólo hace falta un segundo para ganar o perder el balón. Sólo hace falta un segundo para chutar un tiro libre o un saque de esquina. El Fútbol trabaja en segundos.

El segundo ejercicio se parece a tu cerebro. Como mencioné en la introducción a este libro, tu cerebro trabaja en milisegundos. Funciona mucho más rápido que el fútbol, de hecho supera al fútbol en velocidad todo el tiempo. Tienes una reacción inmediata en el cerebro a todo lo que está sucediendo a tu alrededor en la cancha de fútbol. El hecho es que, te guste o no, el cerebro es la cosa más rápida en todos los deportes.

Así que a medida que juegas fútbol tu cerebro funciona a la velocidad de la luz. En combinación con esto al cerebro le encanta evaluar lo que está sucediendo en sus inmediaciones. Goza evaluando sus alrededores. Y el reto para ti como jugador de fútbol es que a medida que el cerebro analiza el juego le encanta recoger problemas. Le encanta pegarse a los negativos. Aumenta las dificultades que encuentras.

Tu cerebro es muy bueno en centrarse en los problemas a medida que juegas, como las decisiones arbitrales en contra tuya, un gol que el contrario ha marcado, el hecho de que estás jugando contra un armario de defensa, el error que hiciste hace 5 minutos, el apoyo vocal de los seguidores de la oposición y la bronca que recibiste del entrenador hace 10 minutos.

Comete una pifia frente al gol y el cerebro hará todo lo posible para traer tus pensamientos de vuelta a ese momento una y otra vez. Te lanzará ANTs en un abrir y cerrar de ojos. Construirá un nido de ANTs en tu mente ya que constantemente imaginarás el error que cometiste.

"No puedo creer que haya cometido ese error. He decepcionado a mis compañeros de equipo."

El ANT puede ser el mejor amigo del cerebro (y el peor enemigo). Entra en un terreno de juego donde previamente hayas perdido un par de partidos y el cerebro te alimentará con un ANT.

"Siempre perdemos aquí. No estoy seguro de que podamos romper el hechizo. Odio este campo."

ANTs llenan tu CPF. Lo cargan y generan un funcionamiento defectuoso y termina por apagarse. Esto a su vez destruye tu inteligencia de juego. La visión de túnel disminuirá tu estado de alerta en las jugadas que el contrario está haciendo. Tu anticipación se desacelerará al igual que tu toma de decisiones. Para la oposición, te verás lento, te verás letárgico. Tu rendimiento individual se hará añicos.

"No tenemos ninguna oportunidad hoy. Este equipo están al frente de la liga y siguen subiendo."

"El entrenador está siempre encima mío. Estoy intentando lo mejor que puedo aquí... es muy injusto."

"Este extremo está volando. No puedo ni acercarme a él."

El cerebro funciona en contra tuya - no le gusta trabajar racionalmente, no está diseñado para eso. Es una pieza de hardware desarrollado para mantenernos vivos. No es ninguna sorpresa que al cerebro le encante tirarnos ANTs. Esta forma de pensar te ha mantenido a salvo durante tu vida. A causa de ANTs has aprendido a ser cauteloso en determinadas situaciones, como al cruzar la calle o tocar algo caliente. Pero el cerebro es pésimo al tratar de reconocer lo que es un verdadero peligro para nosotros. El piensa que el contrario, el estado del terreno de juego o las posibilidades de un mal rendimiento son peligros legítimos. Te lanza ANTs para que juegues de una manera prudente. Quiere que juegues con

Capítulo 7

demasiado cuidado. Quiere que vayas más despacio, y sin embargo la desaceleración puede ser la maldición del futbolista.

Tienes que aplastar tus ANTs - de forma rápida y eficaz.

Es la velocidad de pensamiento la que separa a los grandes de los buenos. La rapidez de pensamiento requiere una mentalidad clara y positiva

Aplastando ANTs: DETECTAR DETENER DESVIAR

Esta es una técnica muy sencilla pero muy poderosa que les enseño a todos mis clientes. Carlton Cole realmente la aceptó. Fue esta técnica la que fue gran parte del proceso de pasar de jugador del filial a internacional con Inglaterra. Él la utilizó semana tras semana en sus partidos en la Liga Premier Inglesa para asegurarse de que estaba pensando efectivamente en todo momento.

DETECTAR

Los psicólogos siempre predican que el estar alerta es el primer paso para el cambio. No puedo estar más de acuerdo - es una verdadera habilidad el poder reconocer cuando te vuelves un poco negativo en el terreno de juego.

Los jugadores de fútbol tienden a jugar con el piloto automático puesto. Así como no se dan cuenta de los hábitos físicos que toman en el terreno de juego tampoco se dan cuenta de los patrones mentales que respaldan cada cosa que hacen. La mayoría de los jugadores de fútbol compiten en un estado de tremenda ignorancia dando tumbos de un pensamiento negativo al siguiente. Un jugador de fútbol tiene que desarrollar la capacidad de reconocer como se habla a sí mismo. Él tiene que darse cuenta de cuando está pensando de una manera destructiva para su juego. O como me gusta decirlo *"detectar el ANT"*.

Darte cuenta de tu mundo de fútbol interior cuando estás jugando es en realidad el primer paso hacia el dominio de ti mismo en el campo. Saber lo que te estás diciendo a ti mismo te permite cambiar tu diálogo interno. Puedes comenzar por tomar el control de tus pensamientos en lugar de que tus pensamientos te controlen a ti.

Detectar tus ANTs es más difícil de lo que te puedas imaginar. En gran parte porque al poner un pie en el terreno de juego, estás allí para jugar al fútbol, no para analizarte a ti mismo. El análisis puede y se pondrá en tu camino, así que siempre les pido a mis clientes que inicien este proceso fuera de la cancha. Carlton no era diferente a cualquiera de los otros jugadores con los que he trabajado. Le pedí que pensara en los pensamientos que tiene antes del partido y el mismo día, antes del saque inicial, durante el calentamiento y mientras jugaba.

Piensa ahora en algunos de los pensamientos negativos que tienes. ¿Cuándo suelen venir a tu mente? A menudo hay un patrón con tus ANTs. A lo mejor es cuando fallas algunas oportunidades o pierdes el balón o vas a un gol en contra. Dedicar un poco de tiempo para pensar cuando tienes ANTs durante el partido puede ayudar a mejorar tu estado de alerta en el campo. Escribe esto en tu Biblia de Fútbol – sacarlos de tu cabeza y ponerlos sobre el papel te ayudará a hacerles frente con mayor eficacia.

El segundo paso es el de mejorar tu estado de alerta en los entrenamientos. El entrenamiento es el mejor momento para progresar en tu habilidad de *detectar* ANTs. Mientras que una sesión de práctica no tiene la misma presión que jugar en un partido, aun así te proporcionará un fiel reflejo de cuándo tienden a suceder. Un jugador de fútbol comprometido siempre se tomará un poco de tiempo después del entrenamiento para sentarse y reflexionar sobre los ANTs que experimentó durante la sesión. Regularmente se referirá a los ANTs que ha documentado en su Biblia del fútbol.

En algún momento tendrás que empezar a mejorar tu habilidad para *detectar* ANTs durante el partido. Esto es duro - tómatelo con calma. Mi consejo es que tengas varios momentos de análisis durante el juego y un análisis durante el descanso. Siempre hay varias pausas durante un partido debido a lesiones o cuando el árbitro está hablando con un jugador. Puedes incluso darte la oportunidad cuando el balón esté fuera. Pregúntate *"¿Qué ANTs he oído?"* Tendrás que ser rápido. El descanso es un momento más apropiado para que brevemente hojees mentalmente a través de los ANTs que has tenido. Rápidamente anótalos y sigue adelante. No vas a poder detectar todos los ANTs todo el tiempo. Esta es una habilidad y se necesitará tiempo para *detectar* todos.

Capítulo 7

El más débil de los toques puede anotar un gol solamente. El pensar correctamente anota muchos goles

DETENER

El siguiente paso es *detener* el ANT. ¡Detéctalo y luego *detenlo*! En otras palabras, tu tarea consiste en *detener* instantáneamente tu voz interior negativa.

En mi experiencia, mientras más rápido detenga un jugador los pensamientos negativos más efectiva es esta técnica. Cuando un futbolista permite al ANT merodear en su mente, este se vuelve más destructivo. A un ANT se le unen rápidamente otros ANTs.

"Este defensa central está jugando muy bien. No puedo superarlo. El entrenador debe estar pensando que soy una basura."

"Si no empiezo a superar a este defensa central no voy a poder marcar."

"No estoy seguro de ser lo suficientemente bueno para pasarlo. Él es demasiado fuerte y demasiado rápido. ¿Para qué?"

"Si no marco un gol mi sitio en el equipo se pondrá en duda. Me destrozaría que me mandaran al banquillo."

Y así tenemos la plaga de ANTs comiéndose nuestro rendimiento. Mientras más ANTs tengas, más se te llenará tu cerebro con la clase equivocada de pensamientos. El cerebro se frena, tú te frenas. Para ser un gran jugador de fútbol no puedes darte el lujo de reducir tu velocidad física ni mental.

Detener los ANTs es simple - sólo visualiza una señal de STOP en tu mente. Ves un gran cartel rojo que dice STOP, de los que se ven a un lado de la carretera. O tal vez dite a ti mismo STOP. Lo puedes gritar en tu mente. ¡STOP! Necesitas algo que conscientemente puedas ver o decir que te devuelva inmediatamente al momento presente y que instantáneamente detenga la propagación de los ANTs.

Cómo Carlton aplastó sus hormigas (ANTs)

Así como *detectar* requiere práctica y paciencia lo mismo sucede con *detener*. Una vez que te sientas satisfecho *detectando* ANTs - empieza a detenerlos. Haz esto en los entrenamientos y en tu vida cotidiana. Cuanto más practiques, mejor te volverás para tomar el control de tus ANTs.

El fracaso en el fútbol no es fatal... pero pensar que lo es... ¡si!

DESVIAR

Así que ya has *detectado* el ANT y has *detenido* el ANT - ahora tienes que *desviar* el ANT. Tienes que cambiar tus pensamientos negativos hacia algo más positivo y algo más constructivo.

Una vez que Carlton se había acostumbrado a detectar y detener, yo quería que el tomara posesión de su voz interior mientras jugaba. Sabía que si lo hacía, él iba a poder jugar con la potencia que el tamaño de su cuerpo sugería. Él también iba a ser capaz de utilizar la habilidad y visión que todos vimos en él cuando estaba entrenando.

Le dije a Carlton que el necesitaba dos tipos de pensamiento en el campo. Necesitaba pensar con *confianza* y pensar de una manera *útil*.

Cada pensamiento que un jugador piensa, cada acción que realiza determina la calidad de su juego cada segundo de cada partido

Capítulo 7

Pensar con confianza

Eres un jugador de fútbol, no un seguidor. A un seguidor se le permite ser negativo. A un seguidor se le permite renunciar. A un fan se le permite expresar desaprobación. A un fan se le permite tener ANTs. ¡No a ti!

Eres un jugador de fútbol. Eres un competidor. Nadie ni nada debe apartarte de jugar con un 100% de esfuerzo. Debes tener una mentalidad de abundancia. Debes ser un jugador tipo 'yo puedo'.

Este fue mi mensaje para Carlton. Cuando empezó a entender que él no tenía la necesidad de ser un esclavo de su propio discurso y que fácilmente podría aplastar sus ANTs, entonces comenzó a llevar a cabo una mentalidad de 'yo puedo'.

Quiero que adoptes la misma mentalidad. Quiero que aplastes a tus ANTs y que cambies a un modo de pensar con más confianza. Quiero que seas un jugador de *'yo puedo'*. Quiero que tengas la voz interior que comenzó a resonar con Carlton - el mantra: *"STOP, yo puedo."*

"Stop, yo puedo marcar hoy."

"Stop, yo puedo deshacerme de este defensa. Puedo sacarle provecho."

"Stop, yo puedo saltar más que este delantero."

"Stop, podemos ganar esto hoy."

"Stop, yo puedo mantener este ritmo de trabajo."

"Stop, olvídate del futuro, céntrate en el presente."

Conviértete en un jugador de *'yo puedo'*. Conviértete en un experto para negarle espacio a las ANTs en tu CPF, conservando tu conciencia visual, la anticipación y la velocidad en la toma de decisiones.

Como un jugador de *'yo puedo'* liberas un cóctel de sustancias químicas al cerebro que proporcionan un rendimiento máximo - un producto químico, como la adrenalina, que es muy útil ya que impulsa tu cuerpo hacia tus objetivos. La adrenalina sostiene tu esfuerzo durante 90 minutos, te ayuda a competir duro en los últimos asfixiantes 10 minutos de un partido. Le permite a la mente mantener a un cuerpo cansado.

Un jugador de *'yo puedo'* es la definición de las conocidas palabras *mentalmente fuerte*. Tener fuerza mental es ser dominante, fuerte y poderoso cuando no es fácil serlo. Es ser persistente cuando las cosas vienen difíciles - cuando todo a tu alrededor, dice *stop*.

Un delantero tiene que aprender a ser paciente. El fallará más de lo que marca, pero con paciencia algunos días marcará más de lo que falla

El pensamiento útil

Un pensamiento con confianza puede ser suficiente para ti. Sin duda te ayudará a jugar al fútbol de una manera mucho más consistente. Es suficiente para ayudarte a través de partidos complicados. Utilízalo y serás un jugador mucho más duro. Pero puedes hacer más. Puedes pensar de una manera que va más allá de la vital mentalidad del *'yo puedo'*. Puedes aprender a pensar de una manera más *útil*.

Siempre me emociona cuando una técnica se fusiona con otra. Esta es una de esas veces. A mi manera de pensar el pensar de una manera útil significa volver tu foco de atención hacia tu guion. Esto significa que mentalmente repasas las jugadas que has elegido antes del partido.

Permíteme darte algunos ejemplos útiles para mantener vivo el pensamiento útil. Imaginemos que eres un defensa central con un par de jugadas en el guion. Estas jugadas son *'mantener la comunicación constante'* y *'marcar férreamente al delantero cuando está en el área'*. Tu equipo ha cedido un gol y es el delantero que estas marcando quién lo metió. Inmediatamente tienes un ANT.

"No puedo creer que haya llegado por detrás mía, el entrenador sí que me va a echar una buena bronca en el descanso. No creo poder contener a este tipo, es muy rápido."

Ahora tu trabajo es simple - tienes que aplastar este ANT, y rápido.

Capítulo 7

"STOP, yo puedo contener a este delantero. Los goles pasan, sólo tengo que volver a apretarle. Sigue jugando con confianza. ¡Vamos!"

Ahora, esa sí que es una ANT aplastada. Te has animado y te estás ayudando a ti mismo a superar una mala racha, a través de un error. Si no haces esto, entonces tienes un verdadero problema porque vas a defraudarte como jugador y como compañero de equipo.

Vamos a probar otro ejemplo. Eres un extremo y has recibido instrucciones de tu entrenador para meter tantos balones como puedas dentro del área. Por lo que tienes una jugada muy importante en tu guion: *"balón al área lo más rápido posible"*. Pero el defensa que te está marcando está haciendo un buen trabajo. Te está cerrando hacia el interior, sobre tu pie más débil y eso te dificulta colgar el balón en el área. Tu ANT salta en tu cabeza.

"Este defensa me está empujando hacia adentro todo el tiempo. No puedo poner ningún balón rápido en el área."

Tiempo para resolver una vez más. Aplasta ese ANT.

"Stop, yo puedo mandar esta pelota al área. Si estoy en mi pie débil - comprométete al 100%. Pero también sigue tratando de llegar al fondo. Voy a colgar un montón de centros."

Recuerda, esta conversación (o discusión) contigo mismo sucede en una fracción de segundo. El cerebro realmente funciona así de rápido. Y tus ANTs se quedan aplastadas a puerta cerrada en la oscuridad de tu mente. Esto no es algo que la gente ve. Está en tu mundo privado.

Un jugador debería comprometerse a no dejar que nada le moleste en el campo. Cuando él logra esto, se puede sumergir en el proceso de jugar.

Cómo Carlton aplastó sus hormigas (ANTs)

Se proactivo

Carlton Cole se convirtió en un internacional con Inglaterra porque se comprometió con el proceso de mejora. Trabajamos mucho juntos, pero también aprendió bastante de sus entrenadores Alan Curbishley y Gianfranco Zola. Pasó tiempo hablando con el cuerpo técnico del West Ham, con entrenadores de la talla de Glynn Snodin y Steve Clarke.

Por encima de todo, Carlton fue enormemente proactivo con su voz interior dentro del campo. El utilizó de forma proactiva los dos pensamientos tanto el de confianza como el útil. Se negó a permitir que los ANTs se asentaran y destruyeran su mentalidad de rendimiento. Los tiraba antes de que infestaran su CPF.

Cuando ganó su primera convocatoria con Inglaterra se puso de pie en el lateral del campo aplastando ANTs como preparación para salir contra España, los campeones europeos. Tenía todas las razones para estar inundado de ANTs. Él estaba jugando su primer partido con su selección, transmitido en vivo por televisión en todo el mundo y él estaba compitiendo contra el mejor equipo de fútbol del mundo. En su lugar, enfocó su mente en pensar de una manera segura y útil. Se centró en las jugadas de su guion que él mismo había establecido a principios de la semana. Las que él había estado visualizando religiosamente previo al partido.

Cuando salió al terreno de juego como sustituto en la segunda mitad lo hizo con una mente clara y confiada. Estaba listo para jugar con enfoque y libertad.

Incansable debe ser el jugador el día del partido. Incansablemente positivo, incansablemente concentrado, incansablemente impulsado. Esa es una habilidad que se puede aprender

Pero tenía un secreto más - una técnica que cuando se combina con una fuerte voz interior envía un tope máximo de rendimiento sin igual. Voy a revelar este secreto en el capítulo siguiente mientras continuamos trabajando en tu mentalidad del fútbol.

8
Stokesy el Galgo

Ser extremadamente talentoso en algo no te invita automáticamente a la mesa de los campeones. Mi trabajo con jóvenes futbolistas con talento me ha demostrado que la preparación de alguien que compite al más alto nivel en cualquier disciplina necesita algo más que tener mucho talento. Llegar a la cima requiere deseo, concentración, determinación, agallas y autoestima.

De hecho, un talento puede ser una maldición. Encontrar algo fácil desde el principio puede impedir el desarrollo de habilidades mentales clave de las cuales las carreras de elite dependen. Esto es algo que mi amigo Anthony Stokes descubrió al principio de su carrera.

La historia de Stokesy

A los 15 años, todo parecía brillar para el joven Anthony Stokes. Como delantero precoz de 14 años (el mejor que Irlanda tenía para ofrecer en esa categoría) Arsenal FC había pagado una cantidad de siete cifras para llevarlo a la famosa academia de fútbol de Londres. Y ahora, a los 15 años estaba en el equipo de reserva del Arsenal. El talento, respaldado por una fuerte ética de trabajo que su padre le había enseñado a desarrollar desde niño, había dado sus frutos. Pero cuando me encontré con él en diciembre de 2009 su carrera no había tenido los resultados esperados.

Capítulo 8

A los 21 años Anthony dejó el Arsenal para ir al Sunderland FC, pero no tuvo un gran impacto y después de 2 años se le concedió un traslado gratuito al club escocés Hibernian. Después de anotar sólo 4 goles en una temporada Anthony pidió trabajar un poco conmigo. Lo conocí en un nevado aeropuerto de Edimburgo y me cayó bien inmediatamente. Amigable, cálido y realista, casualmente me dijo cuáles eran sus pensamientos acerca de su juego y sus sueños para el futuro. Nos pusimos a trabajar de inmediato y no tardó mucho en descubrir lo que *realmente* se necesita para aprender, desarrollarse y mejorar.

La intensidad del deporte

Cada deporte es diferente. Si vas a participar en los Juegos Olímpicos como arquero y te inflas el cuerpo como un luchador probablemente no vas a ganar una medalla de oro. Si por el contrario estas subiendo al ring como boxeador, tu entrenador te va a recoger del suelo muy pronto si estas tan relajado y tranquilo como un competidor en un torneo de tiro con pistola.

Cada deporte requiere un rendimiento y un nivel de intensidad diferente. El fútbol es diferente al golf, al igual que el béisbol es diferente al rugby.

Mi definición de la intensidad en el rendimiento corresponde tanto a los componentes físicos como mentales del juego. Para mí, intensidad es tu actividad física y tu agilidad mental. En esencia, el aspecto mental es una forma de enfoque - que tan mentalmente animado estas durante tu actuación. En el lenguaje del fútbol se dice 'estar arriba'. La parte física se refiere a la cantidad de terreno que cubres y cómo utilizas tu cuerpo. Así que, en términos futbolísticos, tu ritmo de trabajo, la energía y la fuerza con y sin el balón

El fútbol es un juego físico. Es un juego de velocidad, fuerza, resistencia y potencia. Un jugador de fútbol debe estar alerta, vivo, consciente y conectado en todo momento. Tiene que trabajar duro, seguir el ritmo de juego y completar una serie de sprints para cerrar al contrario o ganar el balón. Él debe ser fuerte y desafiante en el suelo y en el aire. Debe ser fuerte con su voz y mostrar una presencia imponente cuando compite. La intensidad en el fútbol debe ser lo suficientemente elevada para poder ofrecer este espectáculo físico. Sin embargo, el futbolista también debe ser inteligente. Él debe solucionar problemas y saber que jugada le toca hacer y saber cómo manejar efectivamente al contrario. Tiene que ejecutar las tácticas que se han establecido antes del partido por su entrenador. Él debe tener fuego en su estómago, pero también tiene que tener hielo en su mente. Debe haber pensamiento detrás de cada movimiento y las carreras que hace y debe haber un plan. Por lo tanto la intensidad de rendimiento de un jugador de fútbol no puede ser tan alta que simplemente se la pase corriendo como un pollo sin cabeza.

No puedes forzar 'la zona'. Pero puedes marcar las casillas que hacen que esta sea más probable

Cada persona es diferente: escalas de intensidad

Caminando por el vestuario de un equipo de fútbol, con el ajetreo y el bullicio de los jugadores que se preparan para jugar, no puedes dejar de notar que hay pocas cosas en común entre los jugadores en cuanto al tipo de personas que son. Cada uno es diferente a los demás. Cada jugador tiene una personalidad diferente, combinada con diferentes experiencias, antecedentes, expectativas, temores, esperanzas, deseos, creencias, necesidades, temperamentos y valores.

Algunos son ruidosos mientras que otros son tranquilos. Algunos llevan su corazón en la manga, mientras que otros permanecen pasivos en un rincón. A algunos les gusta bailar antes de jugar, mientras que a otros les gusta sentarse y pensar. Algunos son de una educación rica, algunos sólo conocen las trampas de la pobreza. Algunos son amigables, otros son distantes. Algunos tienen grandes sueños, otros están satisfechos. Algunos son artistas, algunos son guerreros - algunos son un poco de ambos. Este rico tapiz de individualidad da forma a la naturaleza del juego. Maneja los diferentes estilos con los que puede ser jugado el partido.

Así que la intensidad no puede estar establecida en un punto fijo. Pero si tuviéramos que imaginar una escala del 1 al 10 donde los números más bajos representaran una intensidad de funcionamiento más relajado y los números más altos una intensidad de rendimiento mayor, entonces para mí el 6 sería un promedio ideal de la intensidad de la mentalidad y el físico. La mayoría de los jugadores se ajustan en algún punto entre 5 y 7.

En un juego de Carlos Tévez ves un 7 en la escala de 10. Él es muy animado, con un ritmo de trabajo excepcional. ¡Tévez es un guerrero! Ligeramente inferior sería Paul Scholes en torno al 6 en la misma escala de 10. Por debajo de 5 en esta

Capítulo 8

escala de 10 estarían Eric Cantona o Dimitar Berbatov. Estos jugadores suelen ser artistas - jugadores muy habilidosos que compiten en un nivel superior, debido más a su visión y toque sutil, que a su energía y potencia.

¿Cuál es tu nivel correcto de intensidad cuando juegas?

La lucha en el fútbol se mide por la intensidad, la fuerza y un enfoque que nunca muere. Un jugador que lucha cada segundo de cada juego nunca pierde

La intensidad mental y física correcta.

Consigue la *intensidad mental* correcta y tendrás los beneficios de un enfoque más afinado, una elevada atención y la sensación de estar en "la zona". Esto puede tener un gran impacto para tu *intensidad física*. Tú puedes jugar con más potencia, velocidad, resistencia y energía. Sin embargo, demasiada intensidad mental te hará jugar con una mentalidad distraída o con visión de túnel. Como un pollo sin cabeza que no verá, o no estará al tanto de lo que está sucediendo a su alrededor - sólo lo que está delante de ti. Vas a cometer errores en la toma de decisión y potencialmente jugarás con demasiada velocidad y fuerza.

La intensidad física correcta no sólo la establece tu intensidad mental, sino también las tácticas que tu equipo emplea. Tu entrenador puede que te pida relajarte con el balón y jugar con pases simples en lugar de jugar con un estilo de juego de patadón y a correr. Es posible que prefiera que le dejes tocar al contrario en vez de presionarles a lo loco. Este tipo de juego es más acorde con un nivel de intensidad física de 5.

Aún puedes jugar con una *intensidad mental* de 6 incluso si tu *intensidad física* tiene que disminuir debido a las tácticas o estilo de juego. Un ejemplo de esto es el estilo de juego del mejor equipo del mundo en estos momentos - Barcelona. Cuando pierden el balón el hombre más cercano al contrario en posesión aumentará la intensidad a 7 presionando fuerte. Si no ha conseguido recuperar la pelota en los siguientes 5 segundos va a relajarse y disminuirá su intensidad a 6. Al recuperar la pelota, empezarán con una intensidad de 5 y a medida que van pasando la pelota van a volver a 6 buscando huecos vacíos y ocupando espacios rápidamente para recibir el balón.

Para expresar tu fisicalidad en el campo hay que jugar con la intensidad física y mental correcta y debes mantenerlas lo mejor que puedas durante 90 minutos. Ese es un desafío enorme. No es fácil de lograr. Claro que hay veces en las que realmente te puedes relajar (cuando un jugador se lesiona o durante una pausa forzada en el juego) pero, en general, debes quedarte alrededor de la región 6 en nuestra escala de 1 a 10.

Una vez más, piensa un poco en tu intensidad de rendimiento ideal.

No estoy seguro de donde termina el cuerpo y empieza la mente. Pero sé que un futbolista tiene que trabajar en ambos si se encuentra inmerso en la excelencia

Intensidad: la naturaleza del juego

Si bien es de vital importancia jugar con la intensidad adecuada, no es fácil encontrar el nivel correcto ni mantenerlo. El juego te lanza muchas situaciones que pueden disminuir o aumentar tu intensidad. Te voy a dar un par de ejemplos de destructores de intensidad:

- Cometer un error
- Ir un gol por detrás
- La intimidación por parte del contrario
- Un gran juego por parte del contrario
- El público
- Comentarios de tu entrenador
- Comentarios de tus compañeros de equipo

Si algo va mal en el terreno de juego, como cometer un error, tus niveles pueden bajar de 6 a 4 porque la intensidad trabaja mano a mano con los ANTs. La confianza y la intensidad muchas veces se desinflan juntas. Del mismo modo, un subidón de adrenalina por una falta puede aumentar la intensidad de 6 a 8 y liberar tu ira. La emoción es un tema que analizaremos en el próximo capítulo

Capítulo 8

pero, brevemente diré que, la intensidad aumentada, asociada con la ira, a menudo trae como resultado una mala técnica, tarjetas rojas y goles en contra.

El poder para jugar duro hasta el final , para jugar con honestidad hasta el final, para jugar con pasión hasta el final ... viene de adentro

Intensidad: como tú eres

Mi diagnóstico de Anthony Stokes tuvo como objetivo su intensidad de rendimiento. A mi juicio, él no juega con la suficiente intensidad mental o física. Era demasiado artista y no lo suficientemente guerrero. Estaba demasiado relajado mientras jugaba y su ritmo de trabajo era bajo. Le expliqué que tenía que aprender a dirigirse a sí mismo "mentalizándose para el partido" y aprender también cómo mantenerse en la intensidad adecuada durante todo el partido.

En el campo él contaba con una gran visión, percepción y velocidad de pensamiento y podía conectar un pase perfectamente. Sin embargo, a veces durante el partido, mostraba una gran falta de intensidad. Creía firmemente que podía llegar a ser un mejor compañero de equipo, así como anotar más goles sintiendo mayor intensidad. Tenía que ser más guerrero. Pero tenía que hacerlo sin sacrificar al artista que tenía en su interior.

Por favor, no me malinterpretes, su falta de intensidad no era porque no quería trabajar duro por él mismo o por su equipo. Anthony Stokes era y es un joven apasionado que quiere ganar y marcar goles. Sin embargo, él es naturalmente un tipo relajado y ha sido un poco culpable de haberse llevado esa parte de su personalidad al terreno de juego. Nadie le había enseñado a tener una "cara para los partidos".

Estoy seguro que fui la primera persona en su vida profesional que le explicó sobre los problemas de intensidad que tenía. Al igual que todos los demás componentes en el fútbol, la intensidad del rendimiento es una habilidad y le expliqué a Anthony que esta habilidad se puede *aprender* – y que podía cambiar las cosas. Así que nos pusimos a trabajar y se dedicó a mejorar su intensidad para trabajar más duro para el equipo, defender mejor desde arriba, encontrar mejores posiciones y llegar a ser un goleador más consistente.

Los grandes jugadores de fútbol tienen siempre la mano en la palanca de cambios. Pueden mover hacia arriba o hacia abajo sus niveles de intensidad sin esfuerzo según sea apropiado

Intensidad: conócete a ti mismo, conoce tu juego

Déjame preguntarte cinco preguntas que te ayudarán a aprender un poco acerca de tu nivel ideal de intensidad de rendimiento.

- ¿Eres un artista o un guerrero?
- ¿Eres un individuo relajado o tienes mucha pasión y una personalidad apasionada?
- ¿Qué nivel de intensidad que hayas mostrado en el pasado te ha funcionado?
- ¿En qué posición juegas?
- ¿Cómo le gusta a tu entrenador que juegue el equipo?

Estas preguntas te darán pistas importantes sobre la intensidad física y mental con la que deberías estar jugando en tu equipo.

Un jugador de fútbol no puede desear la victoria. Pero puede desear el esfuerzo, la concentración y la libertad. Es la fuerza de la mente la que tira de un jugador durante los 90 minutos

Levantarse: usando tu cuerpo

Este puede ser un libro sobre la mente, pero tu cuerpo juega un papel vital en el manejo de lo que piensas y sientes. Como le digo a mis clientes - tanto afecta tu psicología a tu fisiología como tu fisiología afecta a tu psicología. Creo firmemente que algunas de las técnicas más poderosas de la psicología son las

Capítulo 8

que implican un cambio en el comportamiento, en la acción y el movimiento para pensar y sentir de manera diferente. Permíteme presentarte una de esas ideas, una técnica que Carlton Cole utilizó constantemente para mantener la intensidad de su rendimiento mientras competía.

 *Un futbolista debería ser un gran actor. Si estás triste entonces actúa con confianza. Si pierdes el enfoque entonces actúa enfocado. La Fisiología cambia la psicología*

Cabeza y hombros

La técnica de *cabeza y hombros* surgió porque una gran parte de mi vida profesional la he dedicado a predicar los beneficios del lenguaje corporal. Suena obvio ¿no es así?, la idea de mantener un gran lenguaje corporal cuando juegas. Pero no siempre es fácil usar el lenguaje corporal para controlar tu mente.

Como jugador de fútbol quiero verte jugar con un lenguaje corporal dinámico. Quiero que estés de pie con confianza. Quiero verte siempre alerta en todo momento con un sentido de vigilancia y preparación. Quiero que seas explosivo con tu juego de piernas, habla alto cuando te comuniques, agresivo en las pugnas y fuerte en el aire.

Los científicos están empezando a comprender cada vez más como afecta nuestro cuerpo a la manera en que pensamos y sentimos. Al ajustar y cambiar tu lenguaje corporal puedes cambiar tus sentimientos sobre la intensidad de tu rendimiento - puedes cambiar tu estado de alerta mental y actividad física.

Cuando tus sentimientos sobre la intensidad en tu desempeño disminuyen todo lo que tienes que hacer es poner tu cuerpo en movimiento. Esto liberará las sustancias químicas en el cerebro y el cuerpo que te ayudarán a sentir la intensidad correcta de nuevo. Estas sustancias químicas incluyen adrenalina, noradrenalina y la dopamina. Estas son sustancias químicas que sustentan tu esfuerzo, que te mantienen alerta, que potencian tu cuerpo para la acción.

Esta es una técnica muy simple para conseguir poner tu cuerpo en movimiento en los momentos de baja intensidad. En Gran Bretaña hay una canción que cantan los niños de la escuela llamado "cabeza, hombros, rodillas y dedos de los pies".

Creo que esta canción es cantada por los niños de todo el mundo. Quiero que pienses en el término cabeza, hombros, rodillas y dedos de los pies mientras juegas. Ahora Vamos a desglosarlo:

- Cabeza - Cabeza arriba, ojos abiertos, comunícate
- Hombros – de pie estirado, haz gestos con tus manos y brazos
- Las rodillas y los dedos de los pies - ponte alerta y muévete; evita estar estático.

Me encanta esta imagen de cabeza, hombros, rodillas y dedos de los pies. Es un cuadro muy bueno para tener a la hora de construir y mantener la intensidad correcta en tu rendimiento. Quiero ver tu cabeza en alto en todo momento, mirando a tu alrededor y siendo vocal con tus compañeros de equipo. Quiero verte erguido y con los hombros hacia arriba. Y quiero verte alerta, dispuesto a actuar y sentirte en movimiento en todo momento.

Pierdes el balón - cabeza, hombros, rodillas, dedos de los pies

Vas un gol en contra - cabeza, hombros, rodillas, dedos de los pies

Pierdes constantemente en balones aéreos - Cabeza, hombros, rodillas, dedos de los pies

Quiero que seas cabeza, hombros, rodillas y dedos de los pies durante 90 minutos. Tómate un tiempo para visualizar lo siguiente:

¿Cómo te ves con cabeza, hombros, rodillas, dedos de los pies? ¿Cómo te ves cuando estás siempre atento a tu alrededor, hablando fuerte con tus compañeros, con los hombros hacia arriba y con tus dedos de los pies siempre en movimiento?

¿Estas Sintiendo el calor en el campo? Reduce la temperatura jugando en las puntas de los pies, subiendo el volumen de tu voz y moviéndote, moviéndote, moviéndote

Capítulo 8

Carlton Cole contra España (el debut con Inglaterra)

No dejes que nada ni nadie te saque de la intensidad de rendimiento perfecta. Aplastarás ANTs y mantendrás cabeza, hombros, rodillas y dedos de los pies cada minuto que juegues en este partido. Vas a mantener la cabeza en alto en busca de espacios y buscando oportunidades para poner en peligro la defensa española. Te pondrás erguido - te pondrás SÓLAMENTE erguido. Esto te ayudará a disminuir la confianza del contrario. Te ayudará a utilizar toda tu altura y todo tu poder. No dejes que nada ni nadie te saque de la intensidad perfecta de tu rendimiento. Vas a estar alerta, vivo y preparado. Vas a estar alerta en todo momento listo para recibir el balón, listo para castigar a los oponentes. Va a ser cabeza, hombros, rodillas y dedos de los pies cada segundo que compitas...

Este fue mi mensaje a Carlton. Y lo ejecutó perfectamente, cuando entró al campo en el minuto 75 para hacer su debut contra el mejor equipo del mundo. Estaba alerta, vivo y animado. Él tuvo una actuación llena de intensidad y varias veces estuvo cerca de anotar.

El movimiento es el elemento principal del juego de un futbolista. Con esto en mente, él debe mantener su lenguaje corporal atento y preparado en todo momento

La técnica animal

Este es el proceso que Anthony siguió. Inténtalo tú mismo.

Le pregunté a Anthony como se vería si actuara con más intensidad dentro del campo.

Estaría constantemente alerta y en movimiento. Iría a buscar el balón al centro y me abriría a la banda para crear un centro. Presionaría a la defensa y trataría de recuperar el balón cuando lo perdiera. Sería una molestia continua para los defensa. Definiría bien mis movimientos para abrir espacio y recibir el balón. Estaría constantemente en busca de huecos.

Stokesy el Galgo

Una vez que tuvo una imagen bien clara de esto le pregunté lo que podría ser considerado como una pregunta bastante extraña. *"Si fueras un animal jugando así - ¿qué animal serías?"*, le ayude un poco poniendo mi pregunta en perspectiva explicándole que probablemente no sería una tortuga, porque las tortugas son lentas y son criaturas letárgicas. Le pregunté qué animal veía cuando pensaba en el tipo de carga de trabajo e intensidad que estaba visualizando.

Obviamente se rio un poco con mi pregunta, pero después de pensarlo por un minuto se le ocurrió que era un *"galgo"*. Le presioné aún más.

Un galgo me recuerda correr rápido, estar alerta y ágil, siempre en movimiento, ser intenso, deseoso y hambriento por correr. Pisándole los talones a la gente... un galgo puede ser una verdadera molestia.

De inmediato a los dos nos encantó la imagen de un galgo en el campo. Así que Anthony Stokes decidió jugar al fútbol como un galgo.

Él comenzó a trabajar con esto de inmediato en los entrenamientos. En cada sesión de entrenamiento se esforzaba por ser un *galgo* en el campo. Mantuvo una imagen de juego "de un galgo" cada día y en cada entrenamiento. Inmediatamente, esta técnica cambió su lenguaje corporal, cambió las imágenes en su cabeza y alteró las emociones que sentía en la cancha.

En lugar de ser tranquilo y relajado empezó a sentirse optimista y decidido. Empezó a sentirse "dispuesto a participar". Las imágenes que tenía en su mente eran imágenes de trabajo duro y corriendo sin parar. Su lenguaje corporal representaba al de un ganador: alegre, alerta y listo para la batalla.

Si tienes que jugar con más intensidad ¿por qué no pruebas la misma técnica? ¿Cómo te ves en tu puesto cuando estás jugando con el nivel de intensidad correcto? ¿Cómo es tu movimiento? ¿Cómo es tu ética de trabajo? ¿Y tu lenguaje corporal? ¿Cómo eres en el aire? ¿Qué tal en las entradas? ¿Cómo es tu comunicación? ¿Qué palabras describen mejor tus acciones? Algunas podrían ser: dominante, fuerte, potente, comprometido.

Bien, ahora con una imagen bien clara en tu mente sobre tu nivel ideal de intensidad de rendimiento puedes responder a esta pregunta. Si un animal estuviera jugando en tu lugar, jugando tu partido ideal, ¿cuál sería ese animal? ¿Qué animal tiene similares características de juego?

Tu animal puede ser:

Capítulo 8

- ➢ Guepardo
- ➢ Gorila
- ➢ León
- ➢ Galgo
- ➢ Rottweiler
- ➢ Tigre

Suena un poco extraño ¿no es así?, pero asociando el rendimiento con un animal puede marcar la diferencia en tu juego. ¿Por qué? Bueno, para mí, la razón principal es porque los animales son superiores a los humanos físicamente. Cuando se asocia el juego por ejemplo con un galgo puedes imaginarlo corriendo a una velocidad sobrehumana, moviéndose por el terreno de juego y, en general, siendo un jugador que trabaja muy duro. Es la imagen más perfecta que puedas tener. .

Stokesy llevó a su animal junto con él al campo el día del partido. Incluso escribió la palabra "galgo" en su mano para recordarlo durante el juego. Cuando veía que perdía intensidad empezaba a recordarlo diciendo *"galgo, galgo. Sé un galgo"* en su mente. Esta palabra lo re-energizaba, incrementando su lenguaje corporal y lo ponía atento, listo para moverse y dispuesto a desmarcarse y recibir la pelota.

Así que, si tienes un animal en mente, escríbelo en tu mano antes de jugar. Tu 'animal' es una clave perfecta para mantenerte jugando con intensidad.

La mente afecta el cuerpo, el cuerpo afecta a la mente. El estar atento despierta a la mente

El galgo de 12 segundos

Sólo tras un mes más o menos de haber empezado a trabajar juntos, Anthony produjo un momento de puro Galgo. Nuestro objetivo era dejar que los primeros 10 minutos marcaran la intensidad del partido. Yo quería que Anthony tuviera un comienzo explosivo - estar tan ocupado y lleno de energía como le fuera posible. Yo quería que fuera un galgo desde el principio. Justo antes del Año Nuevo del 2010, el galgo se alineó para jugar con el Hibernian contra Rangers.

El Galgo sacó de centro y corrió hacia adelante para ponerse en una posición avanzada de inmediato. La pelota fue jugada por el centrocampista de Marruecos Zemmama Merouane quien tejió muy hábilmente su camino dejando atrás a un centrocampista de los Rangers hasta llegar al área. Delante suya, el Galgo entró en el área de penalti. Se desmarcó con una rápida aceleración y solo en el límite derecho del área se abrió para recibir el balón. Zemmama lo vio e hizo un pase simple a los pies del Galgo. El galgo tenía espacio, pero tenía un ángulo pequeño para disparar. Golpeó la pelota perfectamente. Rebotó en el poste y se fue a la red. A sólo 12,4 segundos de partido el Galgo había anotado. El gol más rápido en la historia de la Liga de la primera división Escocesa.

Maneras de frenarte

Examinemos ahora el problema de jugar con demasiada intensidad. Si un jugador perezoso no es atractivo o eficiente en el campo, alguien que corre como un pollo sin cabeza en el terreno de juego puede convertirse en algo muy destructivo para sí mismo y para sus compañeros de equipo. Los psicólogos usan el término "sobre-excitación" para esto. Un jugador puede estar sobrecargado para un partido. Puede involucrarse demasiado y, por lo mismo, no conseguir mantenerse en forma y en su posición. Puede ser desafiante y temerario. Demasiada intensidad en el rendimiento apaga la inteligencia en el juego. La conciencia se convierte en un túnel y las habilidades con el balón se vuelven descoordinadas. Un futbolista con una intensidad de 8, 9 o 10 se convertirá en ineficiente y puede que provoque su expulsión.

Hay varias maneras efectivas de lidiar con la intensidad de rendimiento cuando es demasiado alta. Vamos a examinar algunas.

Respira

La respiración es una muy buena manera de reducir la velocidad en el campo y de relajarse. Esto se debe a que no necesitas pensar mucho para hacerlo. Tú no estás pensando en una estrategia compleja (gastando neuronas del cerebro) simplemente estas tomando algunas respiraciones profundas.

Estas respiraciones abordan la parte del sistema nervioso que te frena y te des estresa. Te permite tomar el control de tu mente y tu cuerpo en cuestión de segundos - más rápido que cualquier otra técnica.

Capítulo 8

Simplemente localizando tu intensidad para el alto rendimiento y cambiando rápidamente tu atención hacia tu respiración ya es suficiente para reducir la velocidad. Los picos de adrenalina que se han apoderado de tu cuerpo van a disminuir y serás capaz de pensar con claridad inmediatamente.

Despacito y buena letra

Muy a menudo la conciencia de la intensidad en tu rendimiento vendrá de una persona externa. Un compañero de equipo o un entrenador puede pedirte que te relajes o te calmes. Y para ser honesto 'relajarte' es lo que tienes que hacer ¿Cómo se puede hacer esto además de tomar algunas respiraciones? ¡Simple! Reduce la velocidad de todo. Reduce la velocidad de tus movimientos, reduce la velocidad de tus acciones. Toma un poco más de tiempo con el balón, mantente disciplinado manteniendo tu posición.

Di para ti mismo las palabras *"relájate"* y *"calma"*. Recuérdate a ti mismo por qué es importante no ir con prisas en el campo.

El fútbol es tanto un deporte de inteligencia como un deporte físico. Es un deporte para pensar más que tu oponente. Necesitas tu CPF activo en todo momento, no sobrecargarlo porque puede apagarse solo.

De nuevo hay que destacar que tu fisiología afecta tu psicología. Puedes utilizar tu físico para disminuir tu intensidad. Deja de tirarte y mantén tu postura. Dejar de pasar la pelota con tanta rapidez, aguántala, levanta la cabeza y espera. Es probable que tengas más tiempo del que imaginas. Y para ser eficiente necesitas tomarte este tiempo. Un delantero puede haber retrasado su desmarque una fracción de segundo. Esperar un poco antes de hacer tu pase, puede conducirte a un gol.

El fútbol es un juego de inteligencia así que date la oportunidad de usar tu cerebro. Date la capacidad en el momento de ejecutar las tácticas que el entrenador ha establecido. Contrólate a ti mismo controlando tu cuerpo, la dirección de tu atención, tu respiración, y tus diálogos interiores. Estas son ideas simples, pero no siempre son fáciles de cumplir. Sobre todo cuando la emoción abrumadora se apodera de tu forma de pensar.

9
Porqué Birch no explotó

26 de mayo 2003. Final de Play Off de la Liga 2 Inglesa.
Los ganadores ascienden. Los perdedores no reciben nada.

Un jugador en medio del parque deleita a los hinchas de su club con una mata de pelo azul y blanco - los colores de su equipo. Él entra y sale de la zona contraria, hace fuertes entradas, juega pases suaves a sus compañeros de equipo y consigue tiros de lejos cuando puede. Él está en todo el campo - lleno de pasión, de voluntad y de deseo.

El juego va de lado a lado. Lleno de la emoción que cualquier final produce. El jugador con el pelo azul y blanco recibe el balón a mitad de camino, para luego caer después de una entrada durísima. Se retuerce en el suelo, la entrada una falta - deliberada e injusta. Una ola de ira surge a través de su cuerpo. La niebla roja comienza a descender. Pero esta vez él va a ganar. Esta vez no va a dejar que la ira domine su corazón y su mente. Esta vez va a permanecer tranquilo.

La mentalidad de Marc Bircham

Nació como aficionado del QPR, morirá como aficionado al QPR. Ese es Marc Bircham.

Capítulo 9

El único jugador de fútbol en el planeta que nunca ha puesto un pie en el país al que representa en el plano internacional, Marc Bircham (o Birch para abreviar) nació en Londres, pero jugó internacionalmente para Canadá. Cuando compitió con su club, el QPR, lucía el pelo azul y blanco para complementar el color del uniforme del equipo. Del mismo modo, cuando entró en el campo jugando para Canadá, se tiñó una raya roja y blanca en el pelo para demostrar su lealtad al equipo nacional.

Siempre apasionado, Birch admitiría que él nunca fue el juvenil con más talento natural para el fútbol. Pero fue su determinación, aguante y la fuerza de voluntad los que le ayudaron a forjar una exitosa carrera como futbolista en las ligas menores de Inglaterra. Y jugar en el segundo y tercer nivel del fútbol Inglés le iba bien. Físicamente más competitivo que la Premier League, este nivel de fútbol exige ritmo de trabajo, fuerza, coraje y empuje. La habilidad queda en un segundo lugar muy por detrás de lo físico.

Pero a veces Birch era demasiado combativo. De hecho, con demasiada frecuencia, el cruzó la turbia línea entre la competitividad y la agresividad. Él hacía entradas muy duras y dejaba que las de los jugadores contrarios le provocaran.

La competición, enfado y agresividad

He viajado a lo largo y ancho dando presentaciones a equipos de fútbol y lo que más me fascina siempre es la respuesta a la pregunta que hago a menudo: "¿Quién juega su mejor fútbol cuando está de mala leche?"

Yo diría que alrededor del 80% de la sala levanta la mano. ¿Sorprendido? Yo lo estaba - al principio.

Lo que pronto aprendí fue que la ira que un jugador puede sentir después de un altercado con un adversario, o tal vez después de un desacuerdo con el árbitro, cambia los niveles de intensidad de rendimiento. Cuando sube a 7 de 10 en la escala de intensidad, el jugador puede experimentar beneficios para su juego. Él puede ser capaz de jugar con mayor fuerza, nitidez y velocidad. Este es un producto de la relación entre cuerpo y mente. Durante los momentos de ira un futbolista puede liberar el potencial evolutivo de su cuerpo para competir con toda su fisicalidad.

Pero seamos claros. Si la ira empuja la intensidad de tu actuación un poco por encima de la norma, entonces tu juego puede mejorar. Pero si atraviesa las barreras del 8 o 9 entonces aparece el pollo sin cabeza.

Hagamos una pausa para pensar en dos jugadores que han sido famosos por tener 'problemas para controlar la ira' en el terreno de juego: Roy Keane y Wayne Rooney en la Premier Inglesa.

Para ambos jugadores la ira es su mejor amigo y su peor enemigo. ¿Cómo es que es su mejor amigo? Tal como lo he descrito. Su ira ayuda a aumentar sus emociones de intensidad física y agilidad mental. En su estado de ira pueden ser más rápidos con el balón, más competitivos en sus pugnas, más fuertes en el aire y pueden anticipar con velocidad. Su ira puede sostener su esfuerzo, ampliar su enfoque y entregar picos de adrenalina que mejoran su rendimiento completo.

Sin embargo, esta inyección de intensidad de rendimiento sólo es útil para ellos si la dirigen hacia la ejecución de sus funciones y responsabilidades. Sólo es útil si la intensidad de la ira se dirige hacia el ser más *competitivos*. Es cuando dirigen la intensidad de su ira hacia la agresividad cuando las cosas pueden salir mal.

La batalla más importante con la que el jugador de fútbol se enfrenta en el campo es con el mismo

Reactivo y proactivo

A mi juicio, cuando un jugador de fútbol está enojado, es más probable que sea reactivo. Una mentalidad reactiva es aquella en la que la agresión toma el control y el jugador comete faltas, discute con el árbitro y la oposición (y algunas veces sus compañeros de equipo) y juega sin inteligencia y a un ritmo muy elevado. Wayne Rooney y Roy Keane, no importa lo buenos que hayan sido como jugadores, también han sido culpables de hacer precisamente eso - dirigir sus sentimientos de ira hacia la agresividad en el campo. Esto los ha vuelto a veces jugadores ineficaces y han sido expulsados. Cuando ellos son de carácter *reactivo* no son de clase mundial. Ellos no son el mejor jugador del equipo y se hacen daño y se castigan a sí mismos en lugar de a sus rivales.

Capítulo 9

La gente a menudo excusa a los jugadores por ser reactivos. *"Ellos quieren ganar"* es a menudo la explicación. Bueno, si tanto quieren ganar entonces necesitan aprender a manejar su modo de pensar, utilizar la intensidad de su enfado con sabiduría y permanecer en el terreno de juego (en lugar de ser expulsado). Tienen que jugar inteligentemente. Tienen que ser *proactivos* con su reacción.

Entiendo que la emoción humana es un fenómeno muy complejo y entiendo que, en el *fragor del momento*, la gente hace cosas precipitadas. Entiendo que los futbolistas quieran competir duro y aprecio la necesidad de alterar a la oposición con lo físico. Pero las respuestas proactivas, sin importar la presión, sin importar la situación, se pueden aprender - respuestas que son mejores para ti como jugador y mejores para tus compañeros de equipo.

Yo sería la última persona que quisiera extinguir el fuego que arde radiante dentro de mis clientes. Pero yo quiero que ellos, igual que lo quiero contigo, valoren un fútbol inteligente y proactivo. Quiero que ellos y tú entendáis que no se puede ganar cuando estáis en modo pollo sin cabeza o si habéis sido expulsados. Realmente es así de simple. Me gustaría que llevaras esa filosofía al terreno de juego contigo.

   *El arte de la fortaleza mental está en hacer que lo incómodo sea tan cómodo como sea posible*

La Liga Premier Inglesa

Llena de pasión y acción sin parar. Me siento bendecido por trabajar con jugadores y organizaciones que regularmente compiten en una de las mejores ligas de fútbol del mundo. Pero debido al estilo de juego – normalmente enciendo el televisor para ver a jugadores sentirse culpables después de haber llevado su ira por el camino equivocado.

Recuerdo haber visto un partido de la Premier hace un par de años entre Wigan Athletic y Arsenal. Wigan era con diferencia la cenicienta, pero después de 80 minutos iban ganando uno y cero y en el minuto 81 tuvieron un penalti claro que no pitó el árbitro. Se volvieron locos todos. En contra del árbitro y un buen número de los jugadores fueron a discutir con los jueces de línea.

Hasta ese momento habían estado jugando muy bien. Se habían puesto a la altura del juego del Arsenal en los pases. Ellos habían jugado llenos de energía. Pero el incidente interrumpió su enfoque. Se interesaron más en discutir con el árbitro que en centrarse en sus tareas - sus funciones y responsabilidades. Estaban muy ocupados sintiendo lástima de sí mismos. Perdieron su disciplina y forma. Individualmente su inteligencia de juego desapareció. Ya no pudieron leer y predecir el patrón de juego.

Después del polémico incidente el Arsenal fue directo al ataque y en un minuto, con toda la defensa de Wigan a la deriva, el Arsenal empató. Un cabreado Wigan ahora si estaba realmente hirviendo de rabia. Ellos opinaban que deberían haber tenido el penalti y con esto la oportunidad de hacer el dos a cero, pero ahora estaban empatados. Y creo que no hace falta decirte lo que pasó después. En 5 minutos el Arsenal anotó otro gol y ganó el partido. Sería un eufemismo decir que la controversia envolvió los últimos 10 minutos pero vamos a examinar estos últimos minutos un poco más cerca.

Los jugadores del Wigan estaban muy enfadados, incluso furiosos, por las decisiones que se habían tomado. Colectivamente habían aumentado su intensidad pero en vez de haberlos animado y ayudado - dirigieron esa intensidad hacia los árbitros del partido. Eligieron dirigir esa intensidad para discutir por algo que ellos consideraban injusto.

Si, en cambio, hubieran dirigido hacia esa intensidad hacia sus funciones y responsabilidades quizá hubieran comenzado a jugar incluso mejor de lo que lo habían hecho en los últimos 80 minutos. Podrían haber usado esa intensidad y aprovechar su ventaja, trabajar como locos y defender con fuerza y agresividad. Se hubieran dado la mejor oportunidad para ganar.

Es mucho mejor vengarse de un contrario sucio usando tu energía y recursos en la ejecución de tus habilidades que contra el contrario

Capítulo 9

Dirigir tu ira: la mentalidad proactiva

¿Es fácil dirigir tu ira? ¡Por supuesto que no! Pero es *esencial* si se quiere ser el mejor. En una mentalidad proactiva utilizas tu rabia de la manera correcta. *Usas tu cuerpo, tu respiración o tu diálogo interno, de manera proactiva para hacerle frente a tus sentimientos de ira en el momento adecuado, lo cual te ayuda a dirigir tu ira correctamente.* Hay varias cosas que puedes hacer cuando los humos comienzan a bajar.

El truco de Birch: usando el cuerpo y la mente

Después de recibir una serie de tarjetas rojas, Marc Bircham decidió que las cosas tenían que cambiar. Aprendió que, mientras no necesariamente podría cambiar o controlar el súbito arrebato de ira que sentía cada vez que pensaba que algo injusto le había sucedido, se dio cuenta de que podía controlar la forma en como reaccionaba y respondía a la situación. Podía ser proactivo.

Sucedía a menudo que después de una entrada fuerte el empezaba a sentir ira. Inmediatamente se quería levantar y empezar una pelea con el jugador que lo había derribado. O decidía al instante que iba a devolvérsela a ese jugador en algún momento durante el partido (una reacción que le llevaría a ser expulsado).

Para hacer frente a estos pensamientos reactivos, Birch decidió que cuando fuera derribado se quedaría unos segundos más en el suelo. En vez de levantarse de inmediato a buscar venganza se iba a quedar un poco más de tiempo en el césped. Estos pocos segundos vitales le permitían acomodar sus pensamientos. Le permitían recordar que la mejor manera de conseguir revancha no era combatiendo físicamente a nadie, sino canalizando tus sentimientos de energía en tu juego.

"Esa entrada me pudo haber roto la pierna. Estoy furioso... STOP... ok, vamos bien, vamos a canalizar esto en mi juego. Mantente enfocado... llega el primero al balón. Castígalos con un gol."

Suena básico (y quizás muy forzado) cuando se escribe, pero la combinación de quedarse un poco más de tiempo en el suelo y la racionalización de la situación le permitían a Birch lidiar con su ira de una manera más eficaz. Él comenzó a usar sus sentimientos de intensidad extra de la manera correcta. Se convirtió en un jugador proactivo e inteligente.

Porqué Birch no explotó

 *El fútbol es como la vida. El éxito le llega al que mejor se maneja a si mismo*

Lo que te siente bien

¿Sientes ira? Entonces respira hondo para hablarte a ti mismo de una manera calmada y racional. O tal vez haz lo que hace Birch y utiliza tu cuerpo - permanece en el suelo, o vete de allí, o ve a hablar con un compañero de equipo. Sólo haz algo distinto.

"STOP... Estoy cabreado y me siento lleno de energía pero tengo que usar esta energía de la forma correcta. Recuerda mi guion... "Llegar el primero al balón" y "de área a área" Vamos a hacer estos bien."

Ser proactivo con tu forma de pensar, con tu voz interior, es una elección. Puedes optar por detectar que estás enfadado y luego puedes optar por detener esa voz interior destructiva que te empujará a buscar venganza y cometer faltas a un montón de jugadores. Puedes optar por cambiar tu enfoque hacia las jugadas de tu guion. Puedes optar por utilizar ese gran sentimiento de intensidad que experimentas a causa de la ira y ejecutar tu guion con pasión. Esa es la competitividad y la marca de un campeón. Es un signo de madurez y una indicación de que tienes el control completo de tu mentalidad.

Un campeón aguanta lo que el contrario le arroje permaneciendo centrado en su guion. Si eres agresivo no estás enfocado en tus jugadas- tu atención se ha quedado atrapada en el rival, el árbitro o cualquier otra cosa de las que no puedes controlar.

Si te derriban con dureza y te sientes enfadado, usa la ira hacia tu guion. Si fallaste algunas oportunidades y empiezas a cabrearte, usa esa energía hacia tu guion. Si un compañero de equipo te riñe y tú cabeza comienza a hervir, utiliza tu energía hacia tu guion.

Si estás leyendo esto y admites que dejas que la ira saque lo mejor de ti en el terreno de juego, toma un momento para imaginar cómo se ve esa ira. Apuesto a que te sientes un poco estúpido cuando de verdad te apartas y piensas en la

Capítulo 9

agresividad que despliegas al jugar. Gritándole a tus compañeros de equipo, machacando los tobillos de los contrarios, increpando al árbitro. ¿Eso te ayuda a jugar bien? ¿Le ayuda a tu equipo a ganar?

Si ese eres tú entonces tomate un poco de tiempo para cambiar esa imagen. Ve una película interior de ti mismo jugando de forma competitiva. Te hacen una falta y tú te levantas, te enfocas y juegas duro. El árbitro toma una decisión extraña que ignoras y sigues marcando. ¿Es este tipo de mentalidad proactiva la que te garantiza la excelencia o asegura la victoria? ¡Por supuesto que no! Pero te da una mejor oportunidad para lograrlo.

Sé paciente. ¡Acepta! El juego trae consigo algunos momentos de locura. Sólo mantente en control utilizando los intensos sentimientos que experimentas cuando estás enfadado de una manera inteligente y proactiva y te sorprenderás a ti mismo.

10
Las 10.000 horas de Kevin

No fue un don de nacimiento el que le ayudó a anotar 62 goles como jugador de un equipo juvenil en una sola temporada. Fue el parque de Acton, o para ser más precisos, fueron las miles de horas que pasó allí con sus dos hermanos practicando y jugando al fútbol.

El parque en Acton está muy cerca de Loftus Road, la casa de los Queens Park Rangers FC y cada vez que Kevin Gallen salía a jugar con sus hermanos Steve y Joe, podía ver la parte superior de los focos del estadio brillando bajo el sol. ¡Su motivación era visible en todo momento!

Kevin tuvo una carrera exitosa como delantero en la Premiership, una carrera en gran parte como resultado de la cantidad de entrenos y la manera en la que el entrenaba. Estudios recientes nos muestran que la forma en que practicamos determina lo buenos que nos convertimos en algo. En este capítulo exploraremos el arte y la ciencia del entrenamiento y como desarrollar el fútbol de tus sueños.

10.000 horas

Hay una cifra que se pone en los labios de muchos de los mejores entrenadores deportivos del mundo en este momento - 10.000. Este es el número que se cree que es uno de los secretos del éxito.

Capítulo 10

Practica fútbol durante 10.000 horas y te darás la oportunidad de convertirte en un jugador de clase mundial en lo que haces. Pero no todos los aficionados al fútbol deben entusiasmarse demasiado aún. Hay, por supuesto, reglas y reglamentos para esas 10.000 horas. Algunos de las cuales hablaré más adelante.

Fue un investigador sueco llamado Anders Ericsson quien surgió con este número mágico. Él descubrió que los expertos practican la misma cantidad de tiempo todos los días incluyendo los fines de semana.

En la década de los 80 Ericsson viajó a Berlín para estudiar los patrones de trabajo de los violinistas más importantes. En esa época, la gente pensaba que los mejores violinistas practicaban menos horas que los músicos no tan consumados ya que ellos poseían un talento natural y "no necesitaban practicar". Pero Ericsson descubrió todo lo contrario. Las mejores violinistas fueron los que invirtieron mucho más tiempo ensayando. Como resultado de esto, durante los últimos 20 años, Anders Ericsson ha argumentado que las personas pueden, en general, alcanzar la excelencia en su profesión o actividad, pero necesitan alrededor de 10.000 horas de duro trabajo para hacerlo.

Él dice esto:

"Con la excepción de la influencia de la altura y el tamaño del cuerpo en algunos deportes, no se ha demostrado aún ninguna característica del cerebro o del cuerpo que impida a un individuo alcanzar un nivel experto."

Y Ericsson descubrió más hechos interesantes. Se dio cuenta de que los grandes violinistas tendían a echarse una siesta o descansar después del almuerzo. Los violinistas le dijeron que la única manera de mantener una concentración plena era tomar descansos regulares y limitar la cantidad de horas que practicaban por día. Ellos le dijeron que sin una mentalidad totalmente centrada en lo que estaban haciendo solo estaban perdiendo el tiempo.

Anders Ericsson afirma que no sólo los mejores del mundo se convierten en los mejores porque practican más - pero alcanzan la excelencia porque practican con una mayor concentración e intensidad.

Práctica deliberada

Entremos en nuestra máquina del tiempo imaginaria y retrocedamos más de 20 años.

Las 10,000 horas de Kevin

El cerebro de 12 años de edad de Kevin está sobrecargado. Steve y Joe se están pasando el balón con facilidad y la tarea de Kevin es quitárselo. Él sabe que tiene que leer la postura de sus cuerpos - tiene que identificar movimientos sutiles de sus cuerpos que le digan si van a pasar la pelota o amagar y tratar de regatearle. A la vez que Joe se acerca, Kevin abre su cuerpo para comprobar su lado izquierdo y ver bien el movimiento de Steve. Temporizar la entrada es todo y, cuando ve a Joe dar un paso más, Kevin sabe intuitivamente que Joe va a tratar de rodearle. Mientras Joe toca la pelota con el exterior hacia la derecha, Kevin mete el pie hacia fuera y toca el balón alejándolo de Joe, alejando el peligro. Kevin está aprendiendo el arte de la defensa. Él está aprendiendo a cómo colocar su cuerpo, cómo ver a los demás, y cómo temporizar una entrada.

Cada día en el parque, el cerebro de Kevin se colapsaba con un torbellino de información. Cuando Steve y Joe invitaban a sus otros compañeros de más edad para venir a jugar, Kevin era el más joven y el más pequeño y tenía que pensar con rapidez para hacerle frente al físico de los jugadores más grandes. Aprendió a deshacerse de su marcador usando su peso y forma del cuerpo - pretendiendo ir en una dirección y luego moviéndose rápidamente en otra dirección. Se convirtió en un experto en la búsqueda de espacio ya levantando la cabeza más que los demás. Aprendió a desmarcarse de los defensas no con la velocidad, sino con amagos. Ángulo del cuerpo a la izquierda, movimiento a la derecha. Y aprendió a marcar goles, muchos de ellos, mediante el uso de su movimiento para ponerse delante de los defensas y chutando a la primera sin importarle el resultado.

La educación de Kevin como jugador de fútbol fue exactamente la manera de practicar a la que Anders Ericsson llama práctica deliberada.

La práctica deliberada no es fácil y comienza en el cerebro. No es solo un jugador de fútbol haciendo una hora de entrenamiento, haciendo partiditos y divirtiéndose con sus compañeros. Es mentalmente y físicamente agotadora. Se trata de un tipo de práctica enfocada, repetitiva en la que siempre estás controlando tu rendimiento, corrigiendo, experimentando, retroalimentándote de una manera inmediata y constante y siempre yendo más allá de lo que ya has logrado.

Vamos a examinar los atributos de la práctica deliberada en relación a la forma en la que Kevin desarrolló su fútbol.

Un futbolista tiene que sorprenderse a sí mismo cada día con su pensamiento efectivo, su enfoque de la atención y entrenamientos por objetivos.

Capítulo 10

Repetición: ¡Kevin practicó mucho!

La práctica deliberada se centra en la repetición. Los campeones llegan a ser campeones porque practican una y otra vez, sin importar el clima, sin importar las condiciones. ¡No esperes llegar a ser bueno en algo sin tener que hacer mucho!

Algunos de los mejores jugadores de fútbol de todos los tiempos provienen de un ambiente de pobreza. Pele creció en Sao Paulo, en Brasil, tan pobre que no podía costearse un balón de fútbol y se veía obligado a menudo a jugar con un calcetín atado a una cuerda o con un pomelo. Maradona también nació en la pobreza y vivió sus primeros años en Villa Fiorito, un barrio pobre en las afueras del sur de Buenos Aires en Argentina. Estas dos leyendas del juego practicaron y practicaron. Lo hicieron en la tierra y el barro. Lo hicieron a pesar de no tener el dinero para comprar botas llamativas y balones de fútbol de última generación.

Al igual que los mejores nadadores nadan cientos de largos diariamente y los más grandes golfistas golpean miles de pelotas cada semana - un futbolista debe dedicarse a jugar y practicar. Kevin Gallen describe el parque de Acton como su segundo hogar. En las vacaciones escolares se despertaba al amanecer, se ponía el chándal y caminaba unos doscientos metros hasta el parque.

Le dio cientos de miles de toques al balón, chutó miles de veces y pasó horas interminables pasando y regateando. Perfeccionó sus tiros desde los 11 metros con el paso del tiempo tirando penalti tras penalti contra sus hermanos mayores que actuaban como porteros. Al principio paraban la mayoría de sus tiros y se burlaban de sus chutes débiles. Pero con el tiempo las burlas iban desapareciendo conforme crecía más y más el poder en sus piernas y en sus chutes. Él marcaba más veces de las que ellos conseguían siquiera tocar el balón.

Como la mayoría de los jóvenes, Kevin y sus hermanos tenía un amor por el fútbol que casi se podía tocar. Tenían una compulsión para jugar tanto como la voluntad de ganar. Era sólo la oscuridad la que terminaba con la práctica repetitiva y los obligaba a volver a casa. .

Un jugador de fútbol tiene que jugar al fútbol, y trabajar en su fútbol. Debe ser divertido, pero también debe ser constructivo

Dar de sí: Kevin jugaba contra jugadores mayores y mejores

Kevin era desafiado constantemente por aquellos con los que jugaba todos los días. Como un pequeño de 10 años jugaba con sus hermanos, igualmente obsesionados con el fútbol: Joe, 4 años mayor que Kevin, quien es ahora el segundo entrenador del Millwall FC y Stephen, quien ahora es Director de la Academia de QPR y 2 años mayor que él.

Debido a que con frecuencia jugaba con jugadores que eran más grandes, más fuertes y más rápidos que él, Kevin se daba de sí cada vez que competía. Como mínimo tenía que mantenerse al mismo nivel que ellos, pero su pasión y su enfoque eran el de encontrar la forma de vencerlos. Esta presión auto inducida le obligó a enfocar su mente con un nivel de intensidad que era raro para un jugador de fútbol adolescente. Fue este grado de enfoque el que jugó un papel muy importante en su rápido progreso.

Con el deseo de superar a sus hermanos en el fútbol, Kevin estaba obligado a incrementar sus niveles de habilidad rápidamente. Esto significaba que no podía permitirse a sí mismo vaguear o hacer una pausa de unos segundos. Para su mente joven él veía a sus hermanos moviéndose con velocidad y agilidad. Él no tenía tiempo para pensar en el pasado. Los errores tenían que quedarse en un segundo plano para que el pudiera fijar su atención en el momento presente.

Su voluntad para mejorar se extendía al análisis después del entrenamiento. En su habitación, después de la cena, revisaba y analizaba que tal lo había hecho contra ellos y se preguntaba a si mismo de qué manera podría mejorar al día siguiente. El no escribía nada, pero mantenía una nota mental de los componentes en los que tenía que trabajar.

Muchas horas de entrenamiento centrado y dirigido al objetivo son tu plataforma de lanzamiento para mejorar. Cada minuto de práctica ofrece una experiencia de aprendizaje. Esforzarse por ser un poco mejor cada día proporciona el combustible mental en tu viaje para descubrir cuan bueno puedes ser.

Crítica: sus hermanos se lo decían 'sin miramientos'

Los hermanos de Kevin siempre le estaban fastidiando. Siempre tomándole el pelo cuando sus disparos eran malos o algún pase se iba completamente desviado. Pero por detrás de la "broma" siempre le hicieron comentarios instructivos a

Capítulo 10

Kevin. *"Chutaste cuando deberías haber pasado"* o *"No levantaste la cabeza... te la estaba pidiendo"* eran estos los tipos de comentarios a los que se acostumbró Kevin.

Kevin volvía del parque diariamente con la cabeza repleta de ideas. No sólo se tomaba el tiempo para analizarse a sí mismo, sino que también reflexionaba sobre los comentarios que sus hermanos le habían hecho durante la práctica del día. Si le habían gritado por disparar, se preguntaba a si mismo por qué había chutado y por qué la opción de pasar era mejor. Si se quejaban de él por fallar, él pensaba en la mejor manera de dar en el blanco. Si le gritaban por perder el control de la pelota, entonces él se imaginaba diferentes formas para mejorar su primer toque. Kevin reflexionaba sobre su día de práctica, no como si se tratara de solo un juego (aunque él se divertía un montón jugando), pero como si fuera su obsesión el mejorar - para conseguir estar más cerca del nivel de sus hermanos mayores.

La práctica deliberada implica comentarios - verbalmente de otras personas, visualmente de verte jugar a ti mismo, o cenestésicamente (de tus sensaciones corporales) de tu propia mente.

La mayor parte del tiempo necesitas los comentarios de una fuente externa, de un entrenador o mentor. Asegúrate de que estos comentarios son lo más específico posible y enfocados a la solución. Necesitas un entrenador que te diga sobre tu juego, las cosas que puedes controlar. Pregúntale a tu entrenador que es lo que piensa que has hecho bien, luego pregúntale que es en lo que piensa que tienes que mejorar. *"Necesitas ganar más cabeceos"* no es lo suficientemente específico. *"Necesitas temporizar tus saltos mejor para ganar más cabeceos"* es una crítica más precisa y te da algo tangible para trabajar. Permíteme darte algunos ejemplos más de buena y mala crítica.

"Tienes que dejar de permitir que te metan goles. Eres lo suficientemente bueno para no hacerlo." Frente a *"Comprométete a blocar capturar los centros. Ten confianza en ti mismo y podrás saltar más alto que los delanteros contrarios. Eres lo suficientemente bueno para mantener la portería a cero."*

"Deja de perder el balón." Frente a "Relájate en tus pases. Encuentra a tu hombre y comprométete a dar el pase con confianza. Trata de concentrarte en golpear bien el balón y confía en tu cuerpo para mandarlo en la dirección correcta."

"Siempre estás cometiendo faltas. Deja de cometer faltas." Frente a "Aguántale al jugador. Mantente en tus pies y permanecer enfocado mientras te intenta regatear."

Por supuesto que no puedes controlar los comentarios iniciales de tu entrenador, pero sí le puedes pedir que te de detalles. Puedes pedirle que te diga exactamente cómo quiere que mejores en el área *específica* del juego sobre la que te está haciendo el comentario.

Recuerda, un gran entrenador solo será tan bueno como sus alumnos lo sean en el aprendizaje. Así que toma posesión de sus comentarios y comunícate con tu entrenador. Sigue preguntándole qué es exactamente lo que tienes que hacer para mejorar tu juego.

Trabajar duro es importante, trabajar correctamente es crucial

Cómo debes entrenar

Entrena un poco más

¿Con qué frecuencia prácticas y entrenas? Muy pocas personas leyendo este libro son jugadores profesionales de fútbol. Muy poca gente puede (o quiere) ganarse la vida con el deporte. Pero si eres un jugador aficionado y te gusta jugar los fines de semana con el equipo local o jugar fútbol sala con compañeros de trabajo, por favor tomate un poco más de tiempo para practicar tu juego.

Te sorprenderá lo mucho que puedes mejorar con sólo llegar al terreno de juego 30 minutos antes de lo normal para practicar un poco más. Chuta algunos tiros, pon unos conos en el suelo y rodéalos. Invita a un amigo para que pueda estar en la portería o para que trate de quitarte el balón en un uno contra uno.

Capítulo 10

Si entrenas dos veces a la semana, esa hora extra en las 2 sesiones se convertirá en 4 horas más de entrenamiento en el transcurso de un mes. Así que pondrás otras 40-50 horas al año y sólo por un pequeño esfuerzo adicional 2 días a la semana.

Ver un poco más

La mejora comienza en el cerebro por lo que es importante que hagas tu práctica y entrenamiento tan mentalmente exigente como te sea posible. Es más fácil lograr esto en tu práctica extra. Haz tu práctica de tiro más difícil haciendo la portería más pequeña. Coloca 2 petos dentro de la portería, a un par de metros de distancia y tratar de meter el balón entre los dos desde diferentes ángulos. O que un compañero te ponga presión marcándote rápidamente antes de tirar. Si estás zigzagueando entre los conos entonces ponlos a distancias cada vez menores de separación así tu control de balón tendrá que mejorar más y más.

Hay un montón de ejercicios que puedes hacer por tu cuenta o con un compañero. El mensaje principal del concepto de práctica deliberada es que los ejercicios de fútbol tienen que dar de sí a tu mente. Tienen que ser mentalmente exigentes y físicamente desafiantes. Deben hacerte pensar y deben apuntar a tu enfoque.

En el fútbol la mayor parte de tus sesiones son creadas por el entrenador por lo que depende de ti el hacerlas mentalmente más duras para ti. Puedes tratar de completar un ejercicio de pases levantando más la cabeza – mirando a los lados antes de que llegue la pelota a tus pies. En los ejercicios que requieren un muy buen primer toque, podrías dar más de sí tratando constantemente de mejorar tu habilidad para amortiguar la velocidad de la pelota. Del mismo modo, si un ejercicio implica correr entonces podrías esforzarte en ejecutar el ejercicio mientras trabajas en tu técnica de carrera.

La práctica deliberada exige que no seas perezoso cuando entrenas con tu equipo. Esto es algo que veo una y otra vez con los jugadores de fútbol. Ellos completan los ejercicios con un pobre lenguaje corporal, de manera "desconectada". Da de sí tu capacidad. Esfuérzate para completar cada ejercicio al máximo de tu capacidad. Se el mejor en hacer los ejercicios, las prácticas y los entrenamientos de equipo. Ejecútalos con un objetivo en mente y con toda confianza.

Cuando juegas partidillos o partidos amistosos, juega fuera de tu zona de confort. Juega con libertad y enfoque. Trata de hacer cosas que no has hecho antes. ¡Experimenta! Si el entrenador te pide que te frenes un poco, entonces hazlo pero hasta ese momento busca ampliar tu conjunto de habilidades intentando nuevos movimientos, nuevas técnicas y nuevas jugadas.

De esta forma estableces un camino para convertirte en un intérprete experto. Comenzarás a ver las cosas de manera diferente en el campo y a ver cosas que no habías visto antes. Y me refiero tanto visual como mentalmente.

Intérpretes expertos en cualquier ámbito de la vida tienen una mejor y más rápida comprensión de lo que ven. Un experto conductor verá una situación peligrosa antes que un conductor novato. Un experto jugador de tenis verá la forma en que su oponente se perfila para golpear la bola. Él puede predecir dónde caerá la bola de regreso y con qué tipo de efecto.

Grandes futbolistas tienen este tipo de "mejor y más rápido" entendimiento del juego. El juego es más lento para ellos. Tienen un sentido del juego que les permite tomar decisiones y hacer ajustes constantes antes que los demás. Esto comienza con la práctica deliberada. Esto comienza practicando más y asegurándote de que estás agotando tu cerebro cuando entrenas - dando más de ti.

 *En tu próxima sesión de entrenamiento práctica jugando sobrado confianza*

Conoce un poco más

Como mencioné en la introducción de este libro, la belleza de mi profesión es que puedo ayudar a los jugadores a mejorar sin que tengan que sudar. Ellos pueden trabajar en su mentalidad en la tranquila soledad de su propia casa.

Lo mejor acerca de la práctica deliberada es que abarca no sólo los momentos en que entrenas pero también implica el concepto de estudiar el juego. Si inicias el proceso de convertirte en un estudiante del juego, entonces, cada minuto que pasas aprendiendo cuenta para juntar tus 10.000 horas de práctica.

¿Entiendes el sistema que tu entrenador quiere que juegues? ¿Eres consciente de la función y las responsabilidades de tus compañeros de equipo?

Capítulo 10

Puede que no seas capaz de jugar como Xavi Hernández pero ¿sabes tanto como él acerca del juego de un centrocampista? puede que no marques ningún gol para el Paris Saint Germain, pero ¿conoces tú papel como delantero tan bien como Zlatan Ibrahimovic? Si no, ¿por qué no? Sólo es conocimiento pero el conocimiento es un poderoso precursor de la habilidad. Mientras más sabes, más puedes hacer.

¿Ves mucho fútbol? Probablemente sí, pero, déjame reformular esta pregunta un poco. ¿Estudias mucho fútbol? La próxima vez que te sientes para ver uno de los partidos más importantes del mundo como el Barcelona contra el Real Madrid, Inter de Milán contra el AC Milán o el Manchester United contra el Chelsea te invito a estudiar el juego a medida que ves el partido. Esto significa quitar el ojo de la pelota y enfocarte en los jugadores.

Mira su movimiento, las carreras que hacen, su toque a la pelota y los pases que completan. Específicamente estudia a los jugadores en la posición que tú juegas. Pregúntate a ti mismo:

- ¿Qué están pensando?
- ¿Qué están viendo que les ayude a tomar las decisiones que toman?
- ¿Qué están sintiendo?

Te he pedido varias veces que te imagines a ti mismo como una estrella mundial. Es fundamental que ejercites tu imaginación cuando veas fútbol.

¿Cuándo cierra el defensor que estoy viendo a su oposición? ¿Cuál es la postura que mantienen para ser capaz de ver al hombre y al balón? ¿Cuándo suben los centrocampistas y cuando retroceden de nuevo? ¿Qué movimiento ayuda al delantero que estoy viendo a desmarcarse de la defensa? ¿Cómo se libera de su marcador dentro del área?

Preguntas, preguntas, preguntas. Responde a las siguientes preguntas en tu mente e imagínate a ti mismo en el terreno de juego, en el partido que estás viendo, haciendo las mismas jugadas que los mejores del mundo, de los que estás aprendiendo.

Esto funciona y funciona poderosamente. ¿Cómo? Como resultado de una peculiaridad del cerebro.

 *Trabajar más duro que el contrario sólo logra parte de lo que tienes que hacer. Trabajar con mayor calidad debe ser tu objetivo*

Tu cerebro tiene espejos

"En sus marcas."

Todos en el estadio se empiezan a callar.

"Listos."

El silencio es doloroso.

"Bang."

Yo no sé tú, pero cuando veo deporte de alto nivel experimento un poco de lo que los competidores están experimentando. Cuando veo la final olímpica de los 100 metros puedo sentir mi cuerpo temblar un poco y puedo sentir mi ritmo cardiaco subir ligeramente. Yo no tengo los mismos nervios de los que están corriendo, pero sí que tengo un par de sensaciones nerviosas corriendo por mi cuerpo.

Las emociones y acciones son fáciles de atrapar. Cuando vemos a alguien llorar o reír, mostrar ira o dolor, podemos compartir un pedazo de lo que experimentan. Del mismo modo, cuando vemos una película poderosa llena de emoción, nuestros propios sentimientos se hinchan y cuando escuchamos buena música de una banda - es como si pudiéramos experimentar un poco de lo que están sintiendo.

El secreto detrás de esto se encuentra en nuestro cerebro. Hace más de veinte años, un grupo de investigadores italianos conectaron cables a los cerebros de los monos. Ellos descubrieron que los cerebros respondían de la misma manera si estaban recogiendo algo de comida o simplemente viendo a otros monos recoger la comida. La *misma* región del cerebro se iluminaba. Se han obtenido resultados idénticos en los seres humanos. Si yo te viera encender el televisor, las áreas de mi cerebro que responderían serían las mismas que si encendiera el televisor yo mismo.

Capítulo 10

Así que lo que esencialmente ha sido descubierto es que el cerebro tiene espejos. Esto significa que hacemos una gran parte de nuestro aprendizaje observando a otras personas. Esto también incluye el deporte. Por ejemplo, un científico llamado Daniel Glaser pidió a algunas bailarinas de ballet que observaran a otras bailarinas mientras se les conectaban algunos cables a sus cerebros. Descubrió que las bailarinas tenían una actividad considerable en la parte del cerebro que controla el baile al mirar a otras bailarinas de ballet.

Está claro que puedo verte hacer algo, como darle patadidas una pelota de fútbol, recordarlo, y utilizar la misma habilidad más tarde. Esto suena obvio, pero ¿cuántos de ustedes se toman tiempo para imitar a jugadores que son mejores que tú o que son mejores que tú en un área determinada del juego, como el marcaje o el pase?

El proceso de aprender de otros es una parte genuina de tus 10.000 horas de formación. Simplemente viendo jugar a alguien estas alimentando tu mente y desarrollando tus habilidades.

Trabajar duro y trabajar con calidad aunque no te sientas bien. Esa es la fortaleza mental

Sé específico en tu posición

Elige un jugador que juegue en la misma posición que tú como modelo. Como un ejemplo del mundo real, Carlton Cole optó por pasar tiempo viendo jugar a Didier Drogba y John Carew. Le gustaba llevarse a casa los DVDs del campo de entrenamiento del West Ham para verlos jugar desde la comodidad de su sofá.

Elige un jugador cuyos atributos deseas incorporar a tu juego. Si eres un defensa central, quizás te guste observar la competitividad y fuerza de Carles Puyol. Un defensa podría ver imágenes de Paolo Maldini o Ashley Cole. Quizá como mediocampista puedas inspirarte viendo grabaciones antiguas de Zinedine Zidane. Si bien no seas capaz de replicar sus habilidades, sólo con imaginarte el reproducir sus movimientos, recibirás un impulso de confianza y motivación. Del mismo modo como delantero puedes grabar los desmarques de Shevchenko, ver los goles de Ruud Van Nistelrooy o el posicionamiento de los mejores momentos de Gary Lineker.

El propósito de esto es que elijas a alguien que creas que tiene las características en las que quieres basar tu juego.

Usa sus ojos, su corazón y su mente

Cuando veas a tus modelos - trata de ver el mundo a través de sus ojos. Mentalmente colócate en el cuerpo de tu jugador elegido. Siente lo que él siente. Piensa en lo que está pensando. Mira a donde está mirando.

Usa todo tu cuerpo. Si estás imitando los poderosos despejes de cabeza de John Terry, siente como te elevas del suelo, saltas alto en el aire y lanzas tu cabeza contra la pelota. Permítete ver la pelota volar hacia el cielo y caer en la línea de mitad de campo. Añade un rival para que tus imágenes sean lo más auténticas posible. Siente a tu oponente saltar en tu contra - siéntelo esforzándose por llegar antes a la pelota. Pero siempre ganando el desafío.

Añade un sentido de carácter a tus imágenes. Si se trata de John Terry entonces inyéctale realidad a tus imágenes percibiendo una sensación de dominio. Si estás viendo el mediocampista alemán Mesut Ozil, entonces, añádele una sensación de vitalidad y confianza. Si es el delantero francés Karim Benzema al que estas imitando entonces disfruta de la sensación de fuerza que aporta a su juego. ¿Te estás calzando las botas del delantero estadounidense Landon Donovan? Entonces disfruta de una sensación de libertad, dinamismo y velocidad.

Por supuesto tendrás que suponer algunas cosas durante este proceso, pero realmente quiero que te metas en la acción cuando veas a tu modelo. No tengas miedo de actuar mientras veas e imagines. Ponte de pie y finge atrapar la pelota al igual que tu modelo lo hace. Salta y gana un cabeceo al igual que tu modelo. Quiero que literalmente lo hagas.

Logrando el equilibrio

La cantidad y la calidad de tu entrenamiento es un determinante importante de tu trayectoria como futbolista. Sin embargo, como veremos en el próximo capítulo, es importante agregarle el sentido de la paciencia, la calma y la relajación a tu

Capítulo 10

entrenamiento y tu juego. Conducir hacia la perfección es peligroso - ahí se encuentran el miedo y la ira.

11
Cómo vencer al perfeccionismo

Quieres mejorar tu juego de fútbol pero me gustaría que fueras paciente. Me gustaría que tomaras cada sesión de entrenamiento como una oportunidad para mejorar un poco - quizás un 0,001%. Es poco, pero cuando agregas esos pequeños porcentajes al total, al final te convierte en un jugador de fútbol mucho más competente de lo que eras antes.

Paciencia, relajación, confianza, fe y tranquilidad son palabras que repito con frecuencia a los jóvenes futbolistas con los que trabajo en QPR y en otros clubes en Europa. Diariamente refuerzo estas palabras porque sé por experiencia que los futbolistas pueden llegar a ser demasiado duros con ellos mismos. Quieren ganar. Quieren jugar al máximo y ejecutar sus habilidades perfectamente.

Esto sobre todo fue cierto con Jimmy, un joven jugador de fútbol con el que trabajé hace algunos años, que jugaba en un club de la liga Premier del norte de Inglaterra.

A los 15 años, Jimmy recibió un contrato profesional, una edad increíblemente joven para unirse a los niveles más altos en cuanto al pago. Pero realmente era muy bueno. Un centrocampista dinámico y joven que era capaz de detectar los pases antes que sus compañeros. Era capaz de colgar un balón perfecto y tenía la habilidad de leer el juego mucho más rápido que sus compañeros de la misma edad.

Pero, durante su primero año en la academia, la progresión de Jimmy comenzó a frenarse. En lugar de seguir desarrollando sus habilidades, su comprensión

Capítulo 11

técnica y táctica se mantuvieron estáticas Parecía perezoso y aletargado en el terreno de juego y con demasiada frecuencia se le veía dar el 50% de esfuerzo en los entrenamientos. Esto se reflejaba en los partidos y una serie de malas actuaciones preocupó seriamente a los entrenadores por su futuro.

¿Por qué le estaba pasando esto a Jimmy? Seguía siendo el jugador amigable e inteligente que había sido siempre. Cuando tenía un día bueno podía jugar mejor que cualquier jugador de su edad en el club. Y seguía queriendo con todo su corazón llegar a ser jugador profesional. Pero su segura carrera parecía frágil. Yo tenía una teoría - Jimmy era un perfeccionista.

Perfeccionismo: tu mejor amigo y tu peor enemigo

Todos queremos jugar el partido perfecto. Ya sea en la pista, el circuito o el terreno de juego queremos que nuestro juego sea perfecto, presumir delante de nuestros amigos, compañeros y entrenadores. Como consultor de psicología del fútbol he trabajado con cientos de jugadores que se dejan la piel para jugar el partido perfecto.

Estoy seguro de que cada vez que entras en el campo de fútbol quieres completar todos tus pases, quieres ser dueño y dominar al contrario, quieres quitar el balón con cada entrada y quieres ganar cada partido seis a cero.

Este tipo de actitud es admirable. Parece que tienes la mentalidad de un ganador - un jugador de fútbol con una gran psicología. Y de hecho a menudo el perfeccionismo en el fútbol puede ser tu mejor amigo. Puede ayudarte a querer entrenar más duro, con cualquier clima y cualquier condición del campo. Puede ayudar a motivar tu mente y puede desarrollar un juego guiado por la pasión y el deseo. Algunas personas que son consideradas como perfeccionistas pueden llegar a establecer altos estándares, metas difíciles de alcanzar y pueden llegar a soñar a lo grande. Él puede empujarse un poco más. Es justo decir que muchos de los jugadores más grandes del mundo tienen un toque de perfeccionismo con su actitud y carácter.

Pero una actitud de perfeccionismo también puede ser destructiva. Puede provocar a los jugadores sentirse demasiado enfadados y frustrados. Puede llevar a discusiones con compañeros de equipo. Puede inyectar el miedo en una mentalidad. Y puede causar que los jugadores simplemente se rindan. Los perfeccionistas raramente rinden al máximo de sus habilidades porque tienen tanto miedo de fallar o cometer los errores que esto les impiden ganar. Éstos son a menudo los futbolistas que siempre quieren ganar y los jugadores que entrenan más duro, pero rara vez alcanzan su potencial el día del partido.

Estos perfeccionistas, que son los que tienden a enojarse con ellos mismos sobre el terreno de juego, a menudo son los que van a un partido con las expectativas demasiado altas. Se dicen a sí mismos *"Voy a marcar un hat-trick hoy"* y cuando, ya en el descanso, aún no han anotado, comienzan a enfadarse, se desconcentran y empiezan a perder la confianza. Alternativamente, los perfeccionistas pueden decirse a sí mismos *"Voy a dejar la portería a cero hoy"* y cuando van un gol en contra pierden totalmente su enfoque y su confianza comienza a desaparecer.

Algunos perfeccionistas suelen echarle la culpa a sus compañeros de equipo. Si su equipo va un gol en contra enseguida crean una cultura de la culpa, señalando a la persona cuyo error les pudo llevar a conceder el gol. No es que constantemente eviten culparse a sí mismos, lo que pasa es que ellos no perdonan casi ningún error y más a aquellos que impedido a su equipo hacer un partido perfecto. Ellos tienden a ser malos compañeros de equipo - dispuestos a castigar primero antes que ayudar a los demás a superar un momento de mal juego o un fallo.

Esos perfeccionistas que tienden a jugar con miedo, lo hacen porque no quieren cometer ningún error. No quieren correr ningún riesgo. Quieren evitar hacer el ridículo. ¿Por qué correr riesgos cuando el perfeccionismo te requiere completar cada pase perfectamente? El perfeccionista hace pases hacia atrás y hacia los lados, no sólo una vez o dos sino casi siempre.

A menudo escucho jugadores en los vestuarios, antes del partido, jactándose de que su objetivo en el partido es completar cada pase que hacen. Ahí es donde reside el perfeccionismo. Vaya objetivo malo para ponerte. ¿No vas a tratar de hacer un pase de gol? ¿No vas a tratar de ponerle un balón medido a tu delantero para que marque a placer?

El perfeccionista rápidamente se ve atormentado por el miedo. Puede que se esconda detrás de un contrario con el fin de no aparecer disponible para el pase – no buscándolo. Un perfeccionista a menudo se da por vencido - ¿para qué seguir jugando cuando un partido perfecto ya ha sido destruido por el terrible pase que diste durante el primer minuto de juego? Los perfeccionistas frecuentemente piden la hora antes del pitido final.

Después de observar a Jimmy en una serie de entrenamientos y algunos partidos, mi teoría era que mostraba una serie de tendencias perfeccionistas.

Capítulo 11

 *Buscar la perfección en un partido es el enemigo de la libertad*

Jimmy y la solución perfecta

En su mayor parte, mi trabajo consiste no en una serie interminable de técnicas y herramientas, sino de conversación. No hay nada que disfrute más que sentarme con un jugador de fútbol y discutir los conceptos de los que hablo en este libro. Y utilizo la palabra conceptos porque creo que una gran parte de mi trabajo es más parecido a una serie de filosofías para el rendimiento que solo un puñado de técnicas

Esto nunca fue más cierto que cuando intenté resolver los problemas de Jimmy. Como hombre joven y muy inteligente, Jimmy siempre estaba (y sigue estando) haciendo preguntas. No le va el sólo jugar fútbol y quedarse callado. Quiere aprender todo lo que pueda y nunca ha tenido miedo de usar su voz para hacer preguntas de entrenamiento.

Cuando Jimmy y yo nos sentamos a hablar, le dije sin rodeos que yo sentía que él tenía una mentalidad perfeccionista. La felicitación le sorprendió. Le dije que algunos de los deportistas más famosos de todos los tiempos han sufrido este tipo de aflicción y que, si daba un pequeño giro a su manera de pensar, él mismo se pondría de nuevo en el camino para volver a jugar un fútbol ganador.

Le dije a Jimmy que sentí que deseaba tanto jugar con el primer equipo que su enfoque estaba asfixiando sus avances y actuaciones. Yo le dije que esta era la causa de su actitud perfeccionista. Si él no jugaba perfectamente entonces simplemente no sentía que era lo suficientemente bueno para subir al primer equipo. Si el equipo juvenil perdía, pensaba que a los entrenadores del primer equipo no les iba a interesar subir a nadie del equipo juvenil.

Jimmy también estaba teniendo dudas. Temía desperdiciar oportunidades para marcar, perder el balón o ser expulsado. Jugaba con una aguda conciencia de sí mismo cuando los entrenadores del primer equipo venían a verle y cuando se lesionaba, tenía miedo de entrenar de nuevo hasta que no estaba convencido por completo de que estaba en perfectas condiciones, por miedo a volverse a lesionar.

Se estaba obsesionando con tener un juego lo suficientemente bueno para la Premiership, acerca del futuro, y le estaba entrando pánico.

El resultado fue un gran joven jugador que jugaba siempre con una pizca de miedo, tímidamente, que jugaba más para evitar errores que para jugar con confianza. Jimmy quería tanto ganar y tener éxito que se estaba interponiendo en su propio camino. Tenía que dar un paso atrás, disfrutar del proceso de mejora y jugar con mayor libertad.

Una pizca de perfeccionismo es muy buena. Pero más puede conducirte a la ansiedad, el miedo y la duda

Tu mentalidad

¿Te encuentras a veces enfadado contigo mismo por fallar goles cantados o cometer errores que le puedan costar un gol en contra a tu equipo? ¿Te encuentras jugando con miedo, sintiendo lástima por ti mismo cuando las cosas van mal?

Sé que muchos de los que estáis leyendo esto jugáis de un modo perfeccionista porque sé lo mucho que a los jugadores les gusta ganar. Esa es una de las razones por las que juegas ¿no? Parece una locura, pero la obsesión de ganar viene envuelto en un paquete lleno de preocupación, duda, miedo e ira. En vez de jugar con una mentalidad centrada en el guion - tu foco de atención puede estar centrado en la calidad de tu técnica. Puede que sobre analices tus actuaciones. Y esto lo hagas al mismo tiempo que juegas.

Un verdadero sello del perfeccionista es el bajo rendimiento en los partidos. Si entrenas muy bien pero tiendes a jugar en los partidos con inconsistencia entonces puede que tengas una mentalidad perfeccionista.

Es la repetición de lo básico lo que hace que lo complejo parezca sencillo

Capítulo 11

Las tres E's: Enfoque, Entretenimiento y Espontaneidad

Jimmy estaba entusiasmado y espero que tú también. Mi ejercicio EDL no sólo ayuda al perfeccionista, pero también a cualquier futbolista que quiera jugar con una mentalidad más consistente. Llegaría a decir que si ejecutas el EDL correctamente en cada partido jugarás con calidad cada uno de ellos. Esa es una declaración atrevida lo sé, pero una que estoy dispuesto a hacer.

La primera etapa de las 3 E's es Enfoque. Y esto sencillamente se refiere a crear, pensar y concentrarse en el Guion que te presenté en el capítulo 6, a medida que juegas. Combatir una mentalidad perfeccionista es mucho más fácil teniendo jugadas que puedas controlar – para concentrarte en ellas - mientras compites. El Guion lleva tu mente lejos del sólo ganar y de los errores que has cometido durante el partido. También sostiene tu esfuerzo y los niveles de energía si comienzas a sentir el deseo de rendirte

Las siguientes 2 etapas de las 3 E's, van de la mano. Son Entretenimiento y Espontaneidad.

Yo quiero que todos mis clientes se diviertan en el campo sin importar cuál es su ambición en el juego. El término "entretenimiento" puede ser un poco flojo pero, para mí, si lo asocias con el término espontaneidad, tendrás como resultado una idea más concreta del estilo de juego del que te estoy hablando. Vamos a hacer un pequeño ejercicio:

Tomate unos minutos para construir la escena en tu mente.

Estás en el campo, estás entretenido y jugando con toda la libertad del mundo. Estás relajado, eres libre, no tienes miedo.

- ¿Cómo se siente?
- ¿Cómo te sientes en el aire, en los marcajes y con tus movimientos?
- ¿Cómo es tu lenguaje corporal? ¿Cómo es tu comunicación?
- ¿Cómo eres en tu papel y con tus responsabilidades?

Sé muy claro en tu mente ¿Cómo ves y como sientes el entretenimiento y la espontaneidad? – hazlo grande, llamativo y brillante. ¿Lo has hecho? ¡Grandioso! Ahora hazlo todos los días.

Cómo vencer al perfeccionismo

Y no quiero que pares ahí. Quiero que te lleves esos sentimientos y sensaciones contigo al entrenamiento. Quiero te entretengas y seas espontáneo cuando. Y lo más crucial aquí en el entrenamiento - lo más importante, que debe convertirse en un hábito y un patrón – es que no debes dejar que nada ni nadie te quite esa sensación de diversión y libertad. Tú dictas tu actitud en el campo, no el contrario, ni el clima, ni el estado del terreno de juego. Sólo tú decides tu habilidad para a jugar con entretenimiento y espontaneidad.

Durante el día de partido sal y juega un partido lleno de las 3 E's. Juega con enfoque, entretenimiento y espontaneidad. Juega en sintonía con las 3 E's durante los 90 minutos. No dejes que nada ni nadie te aleje de esta forma de pensar. Si vais un gol en tu contra, aférrate a las 3 E's. Si cometes un error, aférrate a las 3 E's. Si tu compañero de equipo se resbala y le regala un gol al contrario, aférrate a las 3 E's.

De hecho, incluso te diría que todo lo que puedes esperar de ti mismo en el campo es enfocarte en las jugadas del Guion, entretenerte y jugar con espontaneidad. No esperes ganar, perder, marcar un gol o que te lo marquen. Tú eres un competidor y no un aficionado o un apostador. Dirige tus expectativas en ejecutar tus 3 E's lo mejor que puedas. Haciendo esto, jugarás a tu máximo nivel.

Mi filosofía para combatir el perfeccionismo

A lo largo de unas cuantas sesiones, Jimmy y yo acabamos hablando durante horas sobre algunas de mis filosofías de juego. Aquí tenéis algunas acerca de jugar con perfección:

- Un futbolista que constantemente busca la perfección en el juego tiene que entender que el fútbol es un juego imperfecto. Es un deporte demasiado duro para hacer todo bien y parte importante de ser un ser humano es cometer errores. Pelé no jugaba perfectamente. Tampoco Maradona. Lionel Messi no juega a la perfección todos los partidos. Tampoco Bobby Moore. Un futbolista tiene que amar este hecho igual que ama jugar al fútbol. Disfruta de las imperfecciones del juego - los botes en falso, tus errores y los de tus compañeros de equipo y las decisiones del árbitro que van en contra tuya.

Capítulo 11

- Un futbolista tiene que entender que la perfección técnica es un sueño imposible. Desperdiciarás un balón de vez en cuando, le pegarás mal, harás un mal pase y sacarás un córner pésimo. Tienes más de 300 huesos en tu cuerpo. No vas a coordinarlos perfectamente todo el tiempo. Relájate – de todas maneras, el perfeccionismo sólo hará que tu cuerpo se sienta más tenso y arruine tu técnica.

- Un jugador de fútbol tiene que entender que el perfeccionismo restringe su juego, su creatividad y su toma de decisiones. Tu mente y tu cuerpo funcionan mejor cuando te permites jugar, moverte y pensar con una mentalidad dedicada a entretenerte y ser espontáneo. Jugar espontáneamente te permite tomar los riesgos necesarios para hacer pases que den goles ganadores, que ayuden a un compañero a quedarse solo detrás de la defensa o que le permitan llegar a centros complicados. Juega con una mentalidad de confianza. Llámale tu modo fiable. En tu modo fiable ni te culpas ni le tienes miedo al fracaso. Simplemente juegas de acuerdo a las jugadas de tu Guion. En tu modo fiable, sabes que el entrenamiento que has completado será suficiente para dar pases de gol y robar balones. Sabes que los entrenamientos y prácticas que has hecho significan que puedes dejar que tu técnica fluya sin pensar demasiado en tus movimientos corporales.

- Un jugador de fútbol tiene que entender que con el perfeccionismo viene la ira y el miedo y que estos no son los caminos a la excelencia. Jugar con enfoque, dejando atrás los errores (como descubriremos en la siguiente sección de este libro), le ayudará a convertirse en el futbolista más eficaz y consistente que pueda llegar a ser.

- Un jugador de fútbol debe esforzarse por ganar, pero no a costa de jugar sin concentración ni confianza. Jugar con estas dos cualidades mentales te permite jugar en la zona. Forzar el resultado no. El perfeccionismo es anti-zona. Está lleno de ira, miedo e individualismo. Crees que puedes ganar, pero no esperas ganar. Cree que puedes ganar pero evita pensar en ello mientras juegas. Cree que puedes ganar pero concentra tu mente firmemente en el momento presente a medida que cada segundo pasa.

Finalmente, lo único que puedes hacer es...

Juega con entretenimiento y espontaneidad y enfócate en ejecutar tu guion. Si hay un secreto para el rendimiento es este. Los campeones no se *fuerzan* a ganar o a jugar a la perfección. Ellos saben que *no pueden* controlar el ganar y saben que *no pueden* competir con perfección. Si hay una falacia sobre el rendimiento es la idea de "hacer que las cosas sucedan". En todo caso, bajo presión, lo deportistas más grandes del mundo se relajan y dejan que las cosas sucedan. Si cometen un error, puede que eleven el volumen de su concentración o se relajen aún más (para romper la tensión), pero no forzarán el proceso de rendimiento.

Relájate, estate tranquilo, muestra paciencia. Tu actuación se hará cargo de sí misma. Sólo absorbe tu mente en el entretenimiento, la espontaneidad y tu Guion.

12
Cómo creció Batman

Nunca había visto un ritmo parecido.

Batman empujó el balón hacia delante con el interior de su pie. Parecía demasiado lejos y demasiado fácil para que la defensa lo recuperara. Pero Batman tenía otras ideas, o por lo menos los cohetes en sus pies la tenían. Dándoles a los dos defensas una ventaja de 5 metros, Batman procedió a adelantarles, controlar la pelota y colgar un centro preciso para que el delantero solo tuviera que empujarla al fondo de la red.

Sentado en las gradas me preguntaba qué estaba haciendo este joven futbolista jugando en la División Sur de la Blue Square (6a división de Inglaterra). Su velocidad era electrizante. Los primeros 10 metros cubiertos con velocidad, balón controlado al primer toque, después el pase con precisión a la zona de peligro. Era sin duda demasiado bueno para ese nivel.

Pero se trataba de un amistoso de pretemporada. Era un partido sin presión - un partido de preparación para que los jugadores empezaran a hacerse un sitio en el equipo. No fue hasta después de unos pocos partidos en la temporada que los desafíos de Batman aparecieron. Él podría ser muy bueno. Sólo tenía que creer que era *posible* para él ser muy bueno.

Capítulo 12

Batman: la historia de Shaun Batt

Wayne Burnett, el Gerente de Fisher Athletic, había creado un equipo excitante. Con una edad media de 21 años, estaba lleno de jugadores que no habían llegado por muy poco al nivel de las ligas profesionales. Joven, ambicioso y lleno de esperanza - la temporada prometía ser emocionante.

Shaun Batt (conocido por los fans como Batman) era uno de esos jugadores. Tenía veintipocos, pero cesiones a Stevenage Borough, Dagenham y Redbridge no habían resultado como el esperaba- por lo que decidió probar suerte un par de niveles por debajo con Fisher en la Blue Square South. Sabía que jugar con Burnett le vendría bien a su juego. Al joven entrenador le gustaba jugar un fútbol rápido y ordenado, manteniendo la pelota en el suelo con un juego de pases que otros equipos envidiarían.

Y la emoción abundaba cuando Fisher se ponía al frente de la clasificación después de tres partidos con tres victorias. Shaun había jugado en todos los partidos y había jugado bien sin mostrar el brillo de la pretemporada. Él todavía se movía a la velocidad de un relámpago, pero a veces su toque era malo y en ocasiones sus centros al área no llegaban o se pasaban de largo.

Pequeñas inconsistencias siguieron causando estragos en su juego. No fallaba mucho y salía constantemente de titular con Fisher pero, con el equipo descendiendo en la tabla, a veces su forma era sensacional y a veces no daba el nivel que quería. De vez en cuando hablábamos en el autobús del equipo y después del entrenamiento, y fue durante nuestras conversaciones cuando me di cuenta de que el potencial que yo y otros veíamos en Batman no era necesariamente el potencial que él veía en sí mismo. Tuve el presentimiento de que las inconsistencias en su rendimiento procedían de una mentalidad fija.

   *Es tu zona de confort interior la que te lastra*

Crecimiento contra mentalidad fija

Uno de los nombres más importantes en psicología ahora mismo es una mujer llamada Carol Dweck. Es una psicóloga de la Universidad de Stanford en California. Ella ha trabajado en un proyecto que se llama *Mentalidad* que sitúa a las personas en una de estas dos categorías - los que tienen una mentalidad fija y los que tienen una mentalidad de crecimiento.

En una mentalidad fija, las personas creen que sus atributos y características básicas - como su inteligencia o su talento - son fijos. Ellos creen que lo que llegas a ser es resultado de la habilidad innata. Estas personas creen que tienen un cierto nivel de talento y nada puede cambiarlo.

En una mentalidad de crecimiento, la gente cree que sus habilidades básicas se pueden desarrollar a través de la dedicación y el trabajo duro - el talento es sólo su punto de partida. Si tienen talento entonces son felices, pero no ven el talento como algo que los pueda llevar adonde quieren ir.

Como futbolista una de las cualidades más importantes que debes poseer es creer en la mentalidad de crecimiento. ¿Y tú lo crees??

Si piensas que tus habilidades están preestablecidas entonces yo te diría que no tienes una mentalidad de crecimiento. Si te fijas en un compañero o un miembro de otro equipo y crees que nunca podrás llegar a ser tan bueno como ese jugador, entonces es probable que tengas una mentalidad fija. Si tu voz interior tiende a decirte *"Yo soy el que soy"*, entonces no eres de una mentalidad de crecimiento

En la primera parte de la temporada que pasé con el Fisher Athletic, sentí que Shaun Batt estaba siendo lastrado por una mentalidad fija. Sentí que no sólo era mucho mejor de lo que se creía, sino que no creía que tenía dentro de sí a un jugador para ligas superiores. Tengo la impresión de que Shaun pensaba que lo eras o no lo eras, lo tenías o no lo tenías.

Yo quería un poco de convicción, un poco de fuego por parte de Shaun. Quería que él mismo dejara de limitar su horizonte. Yo creí que el haber hecho esto lo había empujado a un mundo de partidos inconsistentes. Shaun tenía que aprender a crecer. Tenía que confiar en que los mejores son mejores porque trabajan más duro que los demás y creen que pueden llegar a lo más alto.

Capítulo 12

Las acciones pueden convertirse en hábitos, los pensamientos también. ¡Haz que tus acciones y pensamientos sean formidables!

Maradona, Messi y otros grandes

Diego Maradona, Lionel Messi y otros jugadores del fútbol como Pelé, Mia Hamm, Ronaldo y Zinedine Zidane tenían talento. Todos tenían tanto talento y habilidad. Solamente hace falta mirar un par de minutos en YouTube para ver a un joven Maradona dando patadinas y un pre-adolescente Lionel Messi regateándose a un equipo entero de fútbol para marcar 8, 9 o 10 goles por partido.

Es probable que no todos podamos ser tan buenos como estos jugadores, pero sin duda podemos explorar convertirnos en mejor jugador de fútbol, no importar cuanto más. Nadie tiene el poder de decirte lo que puedes y no puedes hacer. Si juegas futbito para divertirte pero tienes el sueño y deseo de jugar para la selección de tu ciudad o tu comunidad, entonces comienza a hacer las cosas que te ayudarán a crecer como futbolista.

Una parte de estar preparado para lo Duro del Fútbol es no dejar que nadie decida tu futuro futbolístico por ti. Es sólo tu voz la que debes escuchar. Eres *tu* quien puede decirte lo bueno que puedas llegar a ser. No permitas que la voz negativa de nadie te influya en el campo. Sigue hablándote a ti mismo de manera positiva. Mantén una mentalidad de crecimiento tipo yo puedo hacerlo.

La habilidad de jugar positivamente bajo presión no sucede de un día para otro. Es el resultado de pensar correctamente durante cientos de sesiones de entrenamiento

Gianfranco Zola

Mis días trabajando con Carlton Cole me permitieron ver algunas de las sesiones de entrenamiento más divertidas que pudieras imaginar. Ver al brillante futbolista italiano Gianfranco Zola en acción. Zola estaba en su primer rol como entrenador pero era lo bastante joven y en forma para participar en los entrenamientos. No era el único que pensaba que el entrenador, con 40 y pocos años, era el mejor jugador en el campo de entrenamiento, eclipsando con regularidad a los jugadores más jóvenes.

Durante sus primeros años, Zola jugó en el club Italiano Napoli, un club que fue uno de los mejores en Europa en esa época. Tenían algunos de los mejores jugadores del mundo, incluyendo los brasileños Careca y Alamoa y un Diego Maradona. Zola declaró lo siguiente sobre el argentino:

"Cuando lo conocí por primera vez yo tenía tan solo 23, tan sólo era un jugador joven tratando de mejorar y lo tuve frente a mí. El mejor jugador del mundo, así que me sentí afortunado. Cuando te pasa eso, te inspira a hacerlo mejor y fue un reto para mí poner mi nivel de fútbol a la par del suyo. Yo solía quedarme más tiempo en el campo de entrenamiento con él, tirando faltas y haciendo partiditos."

De hecho entrenaban juntos durante horas. Mientras otros jugadores iban dentro a ducharse y cambiarse - Diego Maradona y Gianfranco Zola disfrutaban durante largas horas trabajando en el vuelo de sus tiros libres, el peso de sus pases, el toque, el control del balón y la precisión de sus disparos.

Visualiza en tu mente: Zola viendo Diego Maradona preparando una falta directa. Sus ojos se fijaban atentamente en el cuerpo y los pies del gran hombre. ¿Qué es lo que veía? ¿Qué visión penetró en la mente de Zola? Maradona envolviendo el exterior del balón con la bota, dándole un efecto ideal a la trayectoria, entrando por la escuadra.

Visualiza la imagen de Zola jugando uno contra uno contra Maradona - aprendiendo a leer los sutiles movimientos corporales que permitieron que Maradona flotara alrededor de los jugadores como si el no estuviera allí. La mente de Zola tomando nota de esto, sus neuronas de refracción trabajando horas extras. Maradona se inclina a la izquierda luego a la derecha, Zola repite los movimientos del maestro. Maradona constantemente burlándose de sus rivales más jóvenes, incesante en su juego. Zola se estiro hacia la izquierda y luego derecha, el cerebro en un perpetuo modo de pensamiento, las piernas trabajando sin parar, el corazón creciendo más fuerte todo el tiempo.

Capítulo 12

Gianfranco Zola y Diego Maradona - 10.000 horas de acción y los maestros de la práctica deliberada.

¿Ambos nacidos brillantes jugadores de fútbol? ¡Quizás! Los dos tenían dotes físicos, eso es seguro. Pero lo que es indiscutible es que ambos trabajaron tan duro o incluso más duro que otros futbolistas alrededor del mundo. Ambos estaban completamente comprometidos con su crecimiento futbolístico

El cerebro cambia con cada minuto de cada día. Puedes optimizar tu vida para ayudar a tu cerebro a cambiar de la mejor manera posible

Tu cerebro

Durante mi temporada con Fisher Athletic pasé tiempo con cada miembro del equipo, enseñándoles un poco sobre el cerebro y cómo se desarrolla. Yo quería que ellos entendieran que "tú eres tu cerebro" y que el cerebro es algo que puede crecer y desarrollarse cada día de tu vida.

De hecho, todo lo que haces y todo lo que dices en la vida es manejado por tu cerebro, específicamente por los miles de millones de diminutas conexiones (llamadas sinapsis) de tu cerebro. Cada vez que aprendemos algo nuevo activamos diferentes neuronas y creamos nuevas conexiones entre las células. Esencialmente el aprendizaje de un nuevo movimiento en el fútbol significa que conectas un nuevo grupo de neuronas del cerebro - tu cerebro cambia su estructura.

Este proceso llega al centro del crecimiento. Lo que ahora conocemos en la ciencia del cerebro es que este puede seguir estableciendo nuevas conexiones (y aprender) durante toda la vida. Sí, es más fácil aprender cuando eres más joven, pero aun así es posible seguir aprendiendo a lo largo de toda la edad adulta.

Si juegas en un equipo de fútbol con un grupo de veteranos y quieres mejorar tus habilidades y tu forma de pensar - tú puedes. Puedes porque la ciencia ha demostrado que se puede. Cualquier persona puede mejorar su fútbol sin importar la edad que tenga y sin importar a qué nivel esté jugando. Los límites que tú pones en tu juego son tus propias restricciones. Quiero que mis clientes sean jugadores de fútbol sin-limites. Quiero que sueñen en ello y entonces trabajen en ser más rápidos, más fuertes y más eficaces en el terreno de juego. Quiero que trabajen en tener mejores movimientos, una mayor gama de pases y disparos más potentes.

El cerebro es como un músculo. Puede ser ejercitado, entrenado y alimentado igual que cualquier otra parte del cuerpo

Las soluciones de Shaun

Le dije a Shaun Batt, igual que te diría a ti, que tienes un sistema informático que llevas contigo día a día y que cambia automáticamente de instante en instante. Es tu cerebro. Y no hay límite en cuanto a lo potente que este sistema puede llegar a ser. Su potencia está determinada por las entradas conscientes (tus pensamientos) que instalas diariamente. Y estas entradas son una opción – puedes elegir hacerlas positivas y útiles para que la potencia de tu sistema aumente.

También tienes la opción de cómo cambia tu sistema. Puedes optar por conectarlo de manera que mejore tus habilidades o puedes conectarlo de manera que disminuya tu capacidad. Esta opción llega a través del pensamiento, por la dirección de tu enfoque dentro y fuera del terreno de juego, así como a través de la cantidad y la calidad de tu práctica

Shaun Batt acabó marcando muchos goles en esa temporada y ayudo a Fisher a terminar en cuarto lugar, con un grupo de jugadores jóvenes, en una división que exige fuerza, potencia y experiencia. Esto lo logro en parte porque poseía una gran habilidad, pero en gran medida fue porque empezó a creer en su habilidad y comenzó a entender que aún podía seguir construyendo alrededor de sus dotes físicas. Como resultado de su gran temporada, Shaun firmó un contrato con un equipo de la League One y ahora, cuatro años más tarde, está jugando con un club de Championship.

¿Puede cualquier persona lograr cualquier cosa con una mentalidad de crecimiento? ¡Por supuesto que no! Batman posiblemente nunca pueda jugar en

Capítulo 12

Liga de Campeones o representar a su país en el Mundial - pero Batman se convertirá en *el mejor jugador de fútbol que pueda ser* si cree que *puede* llegar a ese nivel. Y si continúa utilizando esta estrategia, quién sabe... Nunca debería dejar que nadie le diga lo contrario.

Como un gran Filósofo Francés escribió una vez: *"Nuestro deber, como hombres y mujeres, es proceder como si los límites de nuestra capacidad no existieran."* Es tu deber como jugador de fútbol hacer lo mismo y es tu deber como entrenador ayudar a tus jugadores a que lo hagan. El siguiente capítulo te dará a conocer a alguien que, a pesar de tiempos difíciles, ha continuado aprendiendo, desarrollándose y creciendo.

13
Añadiéndole mente al corazón de Barry

Era mi amigo Josh Wright, quien hizo el saque de esquina.

Su córner perfecto, con efecto cerrado, fue recibido por la cabeza del delantero Simon Jackson. La pelota tocó el fondo de la red antes de que el portero pudiera verla. Los fans del Gillingham FC se volvieron locos - un gol en el último minuto, sin tiempo para que el otro equipo pudiera hacer nada. El club estaba a punto de ganar los play-off del 2009 de la League 2.

Mientras los aficionados celebraban, no habían notado que el capitán del equipo, Barry Fuller, permanecía en la línea de medio campo, aguantando la euforia. Quería celebrar con sus compañeros de equipo pero sabía que habría unos cuantos minutos de tiempo añadido aun por jugar, por lo que se aseguró de mantener la calma. Al mismo tiempo no podía dejar de sonreír por dentro a como le estaban yendo las cosas. La vida de Barry no sólo había sido una montaña rusa, sino que su paseo estuvo a punto de terminar hacía sólo 5 meses.

En enero de 2009, Barry Fuller estaba tendido en una cama de hospital, semi-consciente, sufriendo de neumonía. Su familia, fuera de sí de dolor, estaba al lado de su cama rezando cada día por su pronta recuperación. Durante 7 días estuvo tumbado sin poder hablar, su respiración asistida por una máscara de oxígeno, su cuerpo desnutrido y diezmado por la enfermedad.

Capítulo 13

Sus compañeros de equipo le visitaron y los entrenadores, preocupados, planificaron una temporada sin Barry. Sin embargo, después de poco más de cuatro semanas, él jugó contra el Rotherham United en un partido de liga. Barry sin duda es valiente.

La Historia de Barry

Conocí a Barry Fuller cuando le hice una presentación de psicología de fútbol al Gillingham. Yo no llamaría a Barry un cliente sino que compartimos las mismas filosofías positivas que después de mi visita le despertaron su interés por el aspecto mental del fútbol.

La historia de Barry es de las que capturan la imaginación. Liberado por Charlton a la edad de 22 años, se unió al equipo semi-profesional de Barnet y luego jugó unas cuantas temporadas en Stevenage antes de incorporarse a su club actual, Gillingham. El admitía ser más guerrero que artista - el juego bonito nunca fue lo suyo. Pero si lo que buscas es deseo y voluntad en el campo, entonces Barry es tu hombre.

Ni siquiera tenía que pensar en darlo todo. Simplemente le salía de manera natural. Su voz interior sobre el terreno de juego le llevaba a seguir durante 90 minutos, especialmente en esos últimos 5 minutos revienta pulmones. Era fabuloso inspirando a sus compañeros de equipo y su positivo lenguaje corporal le ayudaba a jugar con la intensidad que el juego demanda.

Pero tener una actitud de nunca darse por vencido en el campo no siempre está respaldado con pensamientos positivos y útiles. Y fue su enfermedad casi fatal, en combinación con mi visita a Gillingham, lo que llevó a Barry a empezar a explorar los procesos de su pensamiento. Barry estaba listo para crecer.

El crecimiento del fútbol de Barry

Mi visita a Gillingham le hizo pensar a Barry. ¿Era de verdad una persona tan positiva? ¿Realmente pasaba tiempo cada día pensando proactivamente en jugar lo mejor posible? ¿Estaba dirigiendo su pensamiento o su pensamiento le dirigía a él? ¿Estaba estableciendo sus metas para sus sesiones de entrenamiento? ¿Estaba participando activamente en práctica deliberada?

Añadiéndole mente al corazón de Barry

Para crecer tienes que hacerte estas mismas preguntas. Tienes que llegar al centro de tu desarrollo como futbolista. Tienes que ser honesto contigo mismo. ¿Te estás dando la mejor oportunidad de tener éxito con tu fútbol?

¿Pones en práctica hábitos de búsqueda de éxito diariamente?

¿Estás examinando las áreas que necesitan mejora en tu juego y desarrollando un programa para mejorarlas?

¿Eres consistente con la calidad de tu entrenamiento en cada sesión?

Contesta estas preguntas honestamente. Si tu respuesta a cualquiera de estas preguntas es *no*, entonces no te estás dando la mejor oportunidad de ser el mejor jugador de fútbol que puedas ser. No estás dando de si tu mente ni tu cuerpo.

Barry decidió que las cosas tenían que cambiar. Estaba contento con su mentalidad cuando salía al campo pero estaba convencido de que podría sentirse aun con más confianza de cara a los partidos. Yo había llevado a los jugadores de Gillingham a través del proceso de desarrollar un Guion de partido así que empezó a hacer esto al inicio de cada semana.

Barry reservaba un rato cada día a releer las jugadas de partido que había elegido para su Guion y a imaginarse ejecutándolas tan vívidamente como su mente se lo permitiera. Sólo abrir algunas imágenes en su mente le permitía obtener una mayor claridad de sus responsabilidades durante el partido y aumentaba su confianza para el siguiente encuentro.

¿Has empezado ya a escribir un guion de partido? ¿Pasas tiempo a diario imaginando tu guion de partido? ¿Te has comprometido a ejecutar tu guion de partido cuando se presenta la oportunidad durante el entrenamiento?

Barry también decidió ser más proactivo con su pensamiento. Leyó todos los libros que pudo encontrar sobre pensamiento eficaz. Leyó artículos sobre algunos de los más grandes deportistas que el mundo ha podido ver. Regularmente anotaba pasajes de estos libros, los cuales le ayudaban a tener una actitud más positiva. Su esposa también se involucró y le enviaba mensajes de texto con frases de motivación para mantener sus pensamientos en la dirección correcta - hacia el éxito.

Capítulo 13

Un futuro campeón es un adivino. Puede ver claramente su futuro... por eso se convierte en un campeón

Estar inspirado

Barry Fuller es un gran fanático del boxeo. A pesar de que es un profesional en un deporte de equipo también aprecia el arte y la ciencia de competir en un deporte individual. Él entiende lo perseverante que tienes que ser para poder motivarte solo, sin un grupo de compañeros a tu alrededor – otros que te mantengan trabajando y te mantengan concentrado cuando simplemente no te apetece echar las horas de entrenamiento. Barry señala al boxeo como lo máximo en cuestión de fortaleza mental: *"El solo hecho de considerar subirte a ese ring"*, dijo, *"tienes que tener una actitud enormemente positiva. Ni siquiera puedes considerar la derrota."*

Barry está fascinado por la confianza en uno mismo que un boxeador tiene así que, para llegar a ella, ha pasado tiempo tratando de adoptar la misma voz interior que algunos de los grandes como Floyd Mayweather y uno de sus héroes - Muhammad Ali – tienen. No me malinterpretes. Barry no anda por ahí diciéndole a todos lo grande que es, pero, a través de su estudio sobre el arte de la psicología positiva, ahora entiende que la forma en que se habla a sí mismo influye en cómo se siente y esto posteriormente determina su rendimiento. Quiere sentirse bien que por eso trabaja en hablarse a sí mismo de una forma que le ayude a sentirse de esa manera.

No siempre me gusta la forma en que algunos boxeadores se comportan, aunque a veces mi lado cínico se pregunta si simplemente están tratando de vender entradas para sus espectáculos. Pero lo que sí que comparto con Barry es su fascinación con la forma en la que los boxeadores abordan la mentalidad de su profesión. El boxeador es inflexible con su voz interior.

Nadie se habló a si mismo mejor que el gran Muhammad Ali. A continuación, algunas de sus citas históricas:

"Yo soy el más grande; Lo dije incluso antes de que yo supiera que lo era"

"Odié cada minuto de entrenamiento, pero dije," No pares. Sufre ahora y vive el resto de tu vida como un campeón.""

Añadiéndole mente al corazón de Barry

"Es la falta de fe la que hace que la gente tenga miedo de enfrentar los desafíos, y yo creí en mí mismo."

"Es la repetición de afirmaciones lo que conduce a la creencia. Y una vez que la creencia se convierte en una convicción profunda, las cosas comienzan a suceder."

No puedes dejar de estar inspirado ¿verdad? No puedes dejar de pensar en grande cuando escuchas a esta icónica figura. Tiene docenas de frases más o menos diciendo lo mismo *"Yo me hablo a mí mismo con confianza una y otra vez"*.

¿Crees que estaba asustado al entrar al ring en sus famosas peleas contra Sonny Liston y George Foreman? Por supuesto que lo estaba. Pero se negó a escuchar esa voz interior de duda. ¿Tuvo algunas dudas? ¡Probablemente! Pero lo que Ali comprendió intuitivamente era que cuanto más se hablaba a sí mismo, de una manera segura, optimista y llena de energía, mejor se sentiría acerca de sí mismo, más seguro estaría y mejor sería su rendimiento.

¿Tienes una voz como la de Muhammad Ali en tu interior? Si deseas mejorar tu fútbol – tener una te ayudará. No estoy hablando acerca de adoptar una actitud arrogante. No tengo tiempo para eso en el campo de fútbol. Estoy hablando de una voz interior de confianza y crecimiento. El fútbol es un deporte extremadamente competitivo y si quieres jugar con todo tu corazón, con la máxima fuerza y con un aguante extremo - necesitas pensamientos que narren una historia de *"puedo hacerlo"* y *"lo haré"*.

Este es mi campo, este es mi partido. Soy dueño de mi posición. No hay nada ni nadie que me lleve lejos de una mentalidad segura y enfocada.

Soy el mejor entrenando cada día. Nunca comprometo mi mentalidad de entrenamiento. Yo soy el primero en los sprints, mi movimiento es increíble en partidillos y mi voz es la más alta en el terreno de juego.

Compito con calidad cada vez que pongo el pie en un terreno de juego. Soy inteligente - consciente, alerta, vivo y tengo una actuación del más alto nivel cada vez.

Nadie me puede quitar el balón. Nadie se acerca a mi capacidad de ver lo que está pasando a mí alrededor, de leer la jugada 10 segundos antes y anticipar el siguiente movimiento del contrario.

Capítulo 13

Quiero que tu voz interna esté relacionada con tu fútbol para reflejar la confianza de los mejores deportistas del planeta. Quizá no seas el mejor jugador del futbol pero nadie puede llevarse tu voz interior lejos de ti. Nadie puede evitar que disfrutes de tus películas interiores de un campeón. Son tuyas para experimentar y mantener.

Estate inspirado. Tomate tiempo para leer artículos acerca de grandes deportistas. Adopta una voz interior como la de ellos. Utiliza esta voz en tu casa para después llevarla al campo de entrenamiento. Llévala contigo el día del partido. Deja que esta sea tu forma natural de hablar contigo mismo.

Cada palabra que te dices a ti mismo deposita confianza o temor... te acerca o te aleja de tus metas y sueños

Contratiempo contra crecimiento

No todos los caminos en fútbol son sencillos. Especialmente los de Barry. Al final de la temporada 2010/11, Barry estuvo involucrado en un choque con otro jugador en un partido contra el Macclesfield FC. Cojeando pensó que solo se había golpeado la rodilla. Pero era demasiado doloroso y pidió que se le examinara.

Los resultados iniciales regresaron muy positivos, como él esperaba –sólo una contusión severa así que continuo jugando el resto de la temporada. Pero a inicios de la temporada 2011/12, Barry todavía sentía dolor en la rodilla así que el club le envió a un especialista. Lo que el especialista descubrió fue alarmante. Barry se había roto una parte de la esquina lateral posterior de la rodilla. Procedió a someterse a una cirugía que podía amenazar su carrera y lo iba a dejar en la grada durante los siguientes nueve meses.

Fue durante estos nueve meses que el programa de crecimiento de fútbol al que Barry se había comprometido realmente dio sus frutos. Su voz interior le dijo en voz baja que su carrera había terminado, pero él le contestó *"No, va a salir bien. Voy a jugar de nuevo. Voy a alcanzar mis metas."*

Observa a un pato nadar cruzando el estanque y te darás cuenta que lo que ves es una ave tranquila nadando con facilidad. Pero, por debajo de la superficie del agua, el pato está moviendo sus patas a un ritmo rápido para llegar del punto A al punto B. Esta es una imagen que uso bastante con mis clientes. Quiero que entiendan que la imagen del pato nadando es muy similar al proceso de tratar con el diálogo interno negativo. En el exterior todo parece normal pero, por dentro, tu voz interior se esfuerza por mantener una actitud positiva y optimista

Esta fue la batalla interna que Barry continuó teniendo durante su forzada baja. Su voz negativa siempre estuvo presente y él tuvo que ser persistente en reforzar lo positivo, teniendo una actitud de 'puedo hacerlo' y creando imágenes de éxito futuro. Tuvo que hacerse cargo de su pensamiento para que pudiera seguir teniendo confianza en sí mismo como futbolista.

Gana cualquier batalla interna que tengas contra el miedo, la preocupación y la duda. Pon a la negatividad contra la pared liberando imágenes de 'puedo hacerlo' en tu mente. Camina como si fueras el mejor, háblate como si fueras el mejor. Sí, por supuesto, habrá momentos en que la voz de la negatividad sea fuerte pero ahora tienes las herramientas y técnicas para aplastar cualquier pensamiento inútil.

Ganar sucede primero en la mente. Si no te ves a ti mismo como un ganador, entonces tienes que tomar control de tus pensamientos

El compromiso que necesitas

Quizá pienses que tan sólo con leer este libro harás crecer tu juego de fútbol. Ese es un pensamiento bonito pero por desgracia te estarás equivocando. Aumentar tu juego de fútbol es algo diario. Es una cosa de cada sesión de entrenamiento y cada partido, Se tiene que hacer a través de la paciencia, la perseverancia y la práctica.

Barry Fuller está comprometido con su crecimiento. Él no sabe el nivel al que llegará al final de su carrera, pero tiene altas expectativas de sí mismo. Espera mejorar su forma de pensar día tras día. Él sabe que esto le ofrecerá un alto nivel de seguridad en sí mismo y su confianza será a prueba de balas en los partidos.

Capítulo 13

¿Crees que esto significa que nunca volverá a cometer un error en el terreno de juego? Por supuesto que no. Pero él cuenta con un Guion de partido para hacerle frente a esas eventualidades.

Ciertamente, Barry no quiere lesionarse de nuevo. Pero él sabe que "estas cosas pasan". Él sabe que un tirón o un desgarro están a la vuelta de la esquina pero también sabe que su programa de crecimiento de fútbol le ayudará una vez más a superar cualquier momento difícil que tenga en el futuro.

Un gran futbolista trabaja duro en el manejo de sus pensamientos tanto dentro como fuera de la cancha

Al momento de escribir este libro, Barry estaba esperando la temporada 2012/13. Ha conservado su ficha en Gillingham y posiblemente mantendrá el brazalete de capitán para la nueva temporada a pesar de su prolongada ausencia. El ve los últimos nueve meses, no como una pérdida de tiempo, sino como un tiempo de oportunidad. Ha ejercitado su programa de crecimiento de fútbol a su máxima capacidad y se ha dado a sí mismo una forma de pensar que le resultará muy útil mientras progresa en la segunda parte de su carrera.

En mi mente, Barry es un ejemplo de un futbolista que ha mantenido su mente despejada lo suficiente como para darse cuenta de que a pesar de la fortaleza mental que siempre ha tenido - podría llegar a ser mentalmente aún *más fuerte*. Creo que es una cualidad que todos los futbolistas necesitan. Nunca te rindas en tu progresión. Mantén siempre una mentalidad de crecimiento. Es algo que trato de inculcar a mis clientes más jóvenes, de hecho a todos mis clientes. Espero que sigan aprendiendo a crecer. Espero que continúen desarrollando su forma de pensar. Espero que continúen amando su viaje en el fútbol.

Final del Partido

Tu imagen de fútbol guía la convicción que tienes como jugador de fútbol. Tu confianza en ti mismo determina tu confianza en el rendimiento y, posteriormente, dirige como rendirás bajo los focos el día del partido. Pero todo empieza con tu imagen de fútbol así que hazla estupenda... ¡hazla emocionante y excepcional!

Un futbolista campeón es un pensador maestro. El llena la imagen que tiene de sí mismo como un competidor con pensamientos positivos, útiles y constructivos. Sabe que su forma de pensar es una elección y disfruta abriendo un catálogo de imágenes que concentra lo mejor de él. Él está familiarizado con esta película interior y se siente cómodo haciendo que estas imágenes sean geniales, llamativas y brillantes.

Recuerda recordar – la memoria trae burbujas de excelencia a la superficie. Un campeón utiliza los recursos del pasado. Toma tiempo para visualizar sus mejores partidos y sus mejores momentos. Lo hace todos los días sin falta.

Un campeón futbolista imagina. Se atreve a soñar el éxito. Él predice el éxito. Sus preguntas entregan bocetos internos de su siguiente partido que construyen su imagen de fútbol y le insuflan confianza.

Recuerda predecir - usa tu imaginación. Imagina un mundo de fútbol aún por venir. Tu siguiente partido va a ser tu partido soñado - ¿cómo se ve y se siente? Crea el combustible para tu rendimiento, a medida que te aproximas a un partido, atreviéndote a imaginar la excelencia.

Final del Partido

Un futbolista campeón maneja su pensamiento en el momento. Él experimenta el fracaso pero sin embargo, les da a estos episodios en buen uso. Alimenta sus imágenes en mente de sus puntos fuertes para construir la confianza en sí mismo a la vez que piensa en sus debilidades para estimularse y mejorar en cada componente de su juego.

Recuerda percibir positivamente - La percepción controla el miedo antes de que aparezca. Nunca seas un esclavo de los acontecimientos - tu mente debe darle forma a cómo ves todo lo que te sucede dentro y fuera del terreno de juego.

Un campeón controla lo controlable. Él sabe lo que puede manipular y lo que debe ser ignorado. Él rinde con un enfoque en su juego, con una mentalidad en el momento presente y con procesos, específicos y tangibles, que ejecutar.

Recuerda escribir tu guion - tu preparación debe incluir jugadas en las que pensar, y en las que concentrarse, cuando juegas. ¡Un plan de juego mental! Vuelve a tu guion cuando te distraigas. Se fiel a tu guion cuando vayas perdiendo. Se fiel a tu guion cuando vayas ganando. Permanece en el yo, el ahora, el guion.

Un campeón usa su voz interior y su lenguaje corporal para entrar en la zona - para quedarte en la zona. Él se estimula a sí mismo, se relaja a sí mismo - ambos a través del proceso de auto-gestión. Se da cuenta cuando está pensando negativamente y corta esta forma de pensar inmediatamente.

Recuerda aplastar a tus ANTs - que nada ni nadie te aleje de tu mentalidad de alto rendimiento. Permite que tu confianza y tu enfoque aumenten - que se eleven - mediante la detección y detención de pensamientos inútiles y negativos. Estate atento - alerta, vivo, listo para todo lo que el contrario te arroje.

Un campeón desarrolla su juego ejecutando hábitos que buscan el éxito todos los días sin falta. Ese es su compromiso con el proceso de mejora - él sabe que no hay día libre, sin descanso de hacer, ser y pensar.

Recuerda entrenar duro y entrenar con calidad. Tu viaje de 10.000 horas debe ir acompañado de métodos eficaces de práctica. Sumérgete en el proceso de mejora mediante la realización de prácticas deliberadas. Sé un estudiante del juego. Repite las cosas, date de si y atesora los comentarios de los demás. Puede que no sea divertido, pero es tu camino a la distinción.

Final del Partido

Cuando juegues – compite con la psicología en mente. Cuando analices tu juego - examínalo con la psicología en mente. Cuando pienses en la construcción de tu juego futuro hazlo con la psicología en mente.

Sé un campeón en el terreno de juego. Si la presión se echa encima de ti juega para ganar y no para perder. Juega hacia delante y no hacia atrás. Juega con libertad y no con miedo. Quítate la presión de encima jugando más dinámico. Levanta la cabeza para inspeccionar la situación – el conocimiento calma los nervios. Disfruta del sentido de diversión y libera a tus pies dejándoles bailar. Añade una pizca de enfoque a tu mentalidad pero deja que se asiente en las jugadas de tu guion. Reduce la velocidad si es imprescindible - acelera si es necesario. El cuerpo y la mente son los mandos gemelos para la intensidad de tu rendimiento.

Cuando llegas al campo, están tus compañeros de equipo y está el rival, pero la superficie de juego es tuya - *te* pertenece. *Tú* determinarás cómo vas a jugar, nadie más. Esa es la convicción que necesitas, la voz interior que necesitas, la confianza que necesitas.

Nunca te animes o te desanimes demasiado como consecuencia de tus partidos de fútbol. La mente de un campeón se mantiene firme en el camino para crecer sin importar los resultados de su equipo. Si ganas, es momento de mejorar. Si pierdes, es momento de mejorar. Si eres el jugador del partido, es momento de mejorar. Comprométete con el crecimiento de tu fútbol en los buenos momentos y en los malos. Esa es la mentalidad que necesitas. Eso es lo Duro del Fútbol.

Libros de fútbol en Inglés

Graduation: Life Lessons of a Professional Footballer by Richard Lee

The 2010/11 season will go down as a memorable one for Goalkeeper Richard Lee. Cup wins, penalty saves, hypnotherapy and injury would follow, but these things only tell a small part of the tale. Filled with anecdotes, insights, humour and honesty - Graduation uncovers Richard's campaign to take back the number one spot, save a lot of penalties, and overcome new challenges. What we see is a transformation - beautifully encapsulated in this extraordinary season.

"Whatever level you have played the beautiful game and whether a goalkeeper or outfield player, you will connect with this book. Richard's honesty exposes the fragility in us all, he gives an honest insight into dimensions of a footballer's life that are often kept a secret and in doing so offers worthy advice on how to overcome any hurdle. A great read." **Ben Foster, Goalkeeper, West Bromwich Albion.**

Scientific Approaches to Goalkeeping in Football: A practical perspective on the most unique position in sport
by Andy Elleray

Do you coach goalkeepers and want to help them realise their fullest potential? Are you a goalkeeper looking to reach the top of your game? Then search no further and dive into this dedicated goalkeeping resource.

Written by goalkeeping guru Andy Elleray this book offers a fresh and innovative approach to goalkeeping in football. With a particular emphasis on the development of young goalkeepers, it sheds light on training, player development, match performances, and player analysis.

www.ingramcontent.com/pod-product-compliance
Lightning Source LLC
Chambersburg PA
CBHW080339170426
43194CB00014B/2622